Gwen Wilkerson
mit
Betty Schonauer

Das Kreuz und das Skalpell

cmf

Gwen Wilkerson
mit
Betty Schonauer

Das Kreuz und das Skalpell

cmf

Verlag C. M. Fliß
Lütt Kollau 17, 22453 Hamburg

1. Auflage 2004
Originaltitel: Abiding in His Strength
Übersetzung: D. Ewert
Umschlag: Jens Meier
Satz: Satz & Medien Wieser, Stolberg
Druck: Printed in Germany

ISBN 3-931188-71-X

Soweit nicht anders vermerkt, wurden die Bibelzitate der revidierten Elberfelder Bibelübersetzung entnommen.

Wir informieren Sie gern über unser Gesamtprogramm.
Verlag C. M. Fliß, Postfach 61 04 70, 22424 Hamburg
Tel. 040 / 58 64 92, Fax 040 / 58 37 04
Bestellservice@cmf-verlag.de
www.cmf-verlag.de

~ INHALT ~

Teil Zwei

~ WIDMUNG ~

Meinen wunderbaren Kindern und Enkelkindern:

DEBBIE UND ROGER JONKER
Brent, Matthew und Tiffany

BONNIE UND ROGER HAYSLIP
Brandon und David

GARY UND KELLY WILKERSON
David Ashley, Evan, Elliot und Annie

GREG UND TERESA WILKERSON
Alyssa und Ryan

und meinem liebevollen,
wunderbaren Mann
DAVID

Zur Erinnerung an meine Mutter und meinen Vater

– VORWORT –

von Nicky Cruz

Gwen Wilkerson genoß meine Hochachtung, noch bevor ich sie kennenlernte. Ich konnte es nicht fassen, als Dave mir erzählte, daß seine Frau unmittelbar vor der Geburt ihres ersten Sohnes, Gary, stand, während er selbst in der St. Nicholas-Arena in New York den Aufruf zur Bekehrung machte. Ich war eines der Bandenmitglieder in der Arena, die an jenem Abend ins Reich Gottes hineingeboren wurden. Jede Frau möchte ihren Mann bei sich haben, wenn sie ein Kind zur Welt bringt; daß Gwen Dave mit ihrem Segen nach New York ziehen ließ, war eines der bewegendsten Dinge, die ich je erlebt hatte. Bis zum heutigen Tag bin ich Gwen für die Unterstützung, die sie ihrem Mann gab, dankbar. Sie hat persönlich ein großes Opfer gebracht, indem sie ihm erlaubte, sie während der Geburt allein zu lassen und im Gehorsam Gott gegenüber jene Evangelisation abzuhalten, die den Startschuß für das Werk gab, das er in seinem Buch *Das Kreuz und die Messerhelden* beschreibt.

Nicht lange nach unserer Bekehrung beschloß Dave, Israel Narvaez, einen weiteren ehemaligen Bandenchef, der in der St. Nicholas-Arena zum Glauben gekommen war, und mich mit zu sich nach Hause in Pennsylvania zu nehmen. Als echte Großstadtjungs waren wir noch nie in einer Gegend gewesen, wo es mehr Kühe als Menschen gab, und obwohl wir ein nagelneues Herz hatten, trugen wir immer noch die »Straße« in unserer Sprache, unserer Kleidung und unserem Benehmen mit uns herum. Ich fragte mich, ob Gwen eigentlich wußte, was für eine Sorte von »Neubekehrten« Dave da anschleppte. Bestimmt hatte sie noch nie solche Leute in ihrem Wohnzimmer gehabt!

Als Israel und ich das kleine Pastorenhaus in Pennsylvania betraten und Gwen auf uns zukam, beobachteten wir ihre Reaktion ganz genau. Was würde auf ihrem Gesicht zu lesen sein – Furcht? Mißtrauen? Abneigung? Doch vom ersten Augenblick unserer Begegnung an hatte ich das Gefühl, von Güte und Freundlichkeit berührt zu werden. Obwohl sie mich gar nicht kannte, schloß

Gwen mich fest in die Arme und dankte Gott mit leuchtenden Augen, aus denen herzliche Liebe strahlte, für meine Errettung. Sie war noch sehr jung, aber trotzdem die erste Frau, die mir mit mütterlicher Liebe begegnete. Weil meine eigene Mutter mich ständig beschimpft und abgelehnt hatte, hatte ich einen völlig falschen Eindruck von Frauen. Aber Gwen war das genaue Gegenteil. Sie war eine echte Dame - liebenswürdig, freundlich und warmherzig. »Mensch! Diese Leute sind wirklich echt«, dachten wir, als wir sahen, daß sie unsere Unsicherheit mit herzlicher Annahme erwiderte, die sich in ihrem vertrauensvollen Blick und einem gewinnenden Lächeln ausdrückte.

An diesem Abend wollte Dave einen Besuch bei einem seiner Gemeindeglieder machen. Er schaute Gwen an und fragte: »Willst du nicht mit mir kommen? Nicky und Israel können ja bei den Kindern bleiben.« Für einen kurzen Augenblick verriet Gwens Blick ihre Überraschung über diesen Vorschlag, ihre beiden kleinen Töchter im Vorschulalter und ihren neugeborenen Buben diesen beiden rauhen Teenagern zu überlassen, die gerade eben das Leben auf der Straße, das von Kriminalität und Blutvergießen gekennzeichnet war, hinter sich gelassen hatten. Aber sie fing sich schnell und instruierte uns mit kurzen Worten, wie wir mit drei Kleinkindern umzugehen und sie zu versorgen hatten. Doch niemand war schockierter als Israel und ich über die Tatsache, daß man uns die Verantwortung für diese Kinder übertragen wollte. Die Folge dieses beispiellosen Vertrauens war die, daß die Kleinen bei uns sicherer aufgehoben waren als bei irgend jemand sonst, denn wir hätten buchstäblich unser Leben eingesetzt, um sie zu beschützen. Als Gwen uns zum Abschied umarmte, liebte ich sie mehr als ich je einen Menschen geliebt hatte. In der Tat haben meine Liebe und Hochachtung für sie die Beziehung zu meiner Frau Gloria und unseren vier Töchtern maßgeblich beeinflußt und geprägt.

Dieser kurze Einblick in Gwens Leben zu Beginn von Davids Berufung zum Dienst an den Bandenmitgliedern New Yorks gibt Aufschluß über ihre weitere Rolle in seiner Arbeit. Unzählige Male hat sie vor großen Herausforderungen, Überraschungen, Enttäuschungen und anderen überwältigenden Situationen gestanden, während Davids Dienst sich entwickelte und größer wurde. Aus eigener Kraft hätte sie sich niemals darauf vorbereiten können. Gott allein wußte, was vor ihr lag. Aber genau so, wie sie der Herausforderung begegnete, uns, zwei New Yorker Straßenjungen, in ihr Heim eindringen zu lassen, hat sie durch Gottes Kraft alle weiteren Herausforderungen angenommen. Während unseres einwöchigen Aufenthalts in Pennsylvania konnten Israel und ich Gwens ruhiges und friedliches Leben beobachten – die liebevolle Einheit als Familie, ihre Partnerschaft mit ihrem Mann. Was wir nicht sehen konnten, war ihre Zukunft, voll von persönlichen schrecklichen Krankheiten, unvorstellbaren Schmerzen sowie großen ehelichen und seelischen Nöten. Doch das ist Gwens Geschichte, die sie mit großer Ehrlichkeit und Demut in diesem Buch erzählt.

Gwen war immer treu – ihrem Herrn Jesus, ihrem Mann, ihren Kindern, ihren Freunden wie auch all jenen, die sie und Dave durch die Arbeit von Teen Challenge, World Challenge und die Gemeinde am Times Square kennengelernt haben. Eine von Gwens stärksten Charaktereigenschaften ist die, daß sie sich ihre Probleme nicht anmerken läßt. Sie ist eine Frau, die gelernt hat, ihr Privatleben vor den Herrn zu bringen. Doch durch ihren eigenen Schmerz hat Gott ihr ein großes Erbarmen gegeben, das sie drängt, anderen, die Not oder Schmerzen leiden, die Hand zu reichen.

Neben Gott ist, wie ich glaube, Gwen die größte Kraft in David Wilkersons Leben. Sie hat ihm in guten und schlechten Zeiten, in Mangel und Überfluß zur Seite gestanden. Ich glaube, daß Gott sie am Leben gelassen hat und ihr immer wieder neue Kraft gibt, weil Dave sie braucht.

Für Gloria und mich ist es eine Ehre, einer unserer Heldinnen Tribut zu zollen – einer Frau, deren Leben ein Beispiel der Gnade Gottes auch in Zeiten der Not ist. Sie hat reichlich aus dem Strom des Trostes, den der Heilige Geist ihr gab, getrunken, und ihn durch sich auch zu anderen fließen lassen. Ihr Leben ist der beste Beweis, daß unser Gott »... uns tröstet in all unserer Drangsal, damit wir die trösten können, die in allerlei Drangsal sind, durch den Trost, mit dem wir selbst von Gott getröstet werden« (2. Korinther 1,4).

~ EINFÜHRUNG ~

Langsam wurde mir die Sache peinlich. Die Frau vor mir schien es wirklich ernst zu meinen. Ich sah keine Möglichkeit, ihr zu entkommen, außer daß ich fluchtartig den Saal verließ. Alle Versuche, sie abzulenken und das Gespräch in eine weniger verfängliche Richtung zu lenken, waren fehlgeschlagen.

Wir standen im großen Saal der Stadthalle von Savannah/Georgia, wo mein Mann soeben zu einer Zuhörerschaft von etwa 1500 Leuten gesprochen hatte. Im Verlauf seiner Predigt mit dem Thema »Ein Leben in Jesus Christus führen« hatte David auch ein paar Gedanken über die Ehe weitergegeben und die meisten seiner Illustrationen unseren 24 gemeinsamen Jahren entnommen. Wie so oft, wenn David Beispiele aus unserem Eheleben benutzt, waren mehrere Zuhörerinnen sofort nach dem Schlußsegen auf mich zugekommen. Ich hatte mich bereits daran gewöhnt, daß völlig fremde Frauen mir Fragen stellten wie z. B.: »Ist es *wirklich* so, wie er gesagt hat, Gwen?« oder: »Wie war *Ihnen* denn dabei zumute?« Doch die Frau, die jetzt vor mir stand und mich in Verlegenheit brachte, stellte überhaupt keine Fragen. Vielmehr forderte sie mit einer Stimme, die mehrere Stuhlreihen entfernt zu hören war: »Gwen Wilkerson, Sie müssen unbedingt ein Buch schreiben!«

Diesen Vorschlag hatten einige Leute schon vorher gemacht, aber immer in einem Rahmen, wo ich ihn einfach mit der bescheidenen Antwort abwehren konnte: »O nein! Es genügt vollkommen, wenn *einer* in der Familie schreibt. Diese Arbeit überlasse ich lieber David.« Diesmal jedoch hatten der Enthusiasmus und die Lautstärke der Sprecherin auch andere Frauen, die in der Nähe standen, aufmerksam gemacht, und sie fingen an, den Antrag zu unterstützen. Ich wurde von einem Schwall weiblicher Stimmen regelrecht überschüttet, die im Chor riefen: »Ja, das müssen Sie, Gwen!«, »Das ist auch meine Meinung!« und: »Wie lautet denn *Ihre* Version der Dinge, Frau Wilkerson?«

Ermutigt von der offenkundigen Unterstützung, fuhr die hartnäckige Dame fort, ihr Ziel mit großem Eifer weiter zu verfolgen.

»Es gibt viele andere Frauen, die die gleichen Probleme haben, wie Sie sie hatten, Gwen. Ich bin sicher, daß Sie und David Lösungen gefunden haben, die in Übereinstimmung mit dem Willen Gottes sind, und diese wären bestimmt für uns *alle* eine große Hilfe.« Ich stammelte irgendeine vage Entgegnung und wollte mich aus dem Staub machen. Doch bevor mir das gelang, meldete sich eine andere Frau zu Wort, die mich nun ihrerseits festnagelte. »Frau Wilkerson«, flehte sie, »ich zum Beispiel würde zu gern mehr über Ihre Krankheiten erfahren und auch über die Zeit, als Sie dachten, Ihre Ehe sei gescheitert. Wenn Sie wüßten, wie viele meiner Freundinnen nach zwanzig oder dreißig Ehejahren am Rande einer Scheidung stehen und wie viele andere eine krankhafte Furcht vor Krebs haben ...«

Alle Köpfe um uns herum nickten in offensichtlicher Zustimmung zu jedem Wort, das gesagt wurde. Ich versuchte, ihnen auf möglichst taktvolle Weise klarzumachen, daß ich die verkehrte Adresse für irgendwelche erhofften Antworten sei. Ich für mein Teil hatte gar keinen Plan, der eine erfolgreiche Ehe oder ein siegreiches Christenleben garantierte. Wußten diese Frauen denn nicht, daß wir alle persönlich unseren Weg finden müssen, indem wir dem nachfolgen, der von sich sagt, daß *er* der Weg ist?

Noch ehe ich diese Gedanken zu einer Antwort formulieren konnte, faßte eine zierliche junge Frau, die die Szene stillschweigend beobachtet hatte, die verschiedenen Bemerkungen in einer wehmütigen Feststellung zusammen: »Ich glaube, es geht uns im Grunde darum, zu wissen, ob Sie vielleicht im Lauf der Jahre auf irgendwelche Geheimnisse gestoßen sind. Wenn ja, behalten Sie sie bitte nicht für sich. Lassen Sie andere an dem Reichtum teilhaben!«

Von ihrer Bitte gerührt, lächelte ich schwach und versprach, »darüber nachzudenken«. Ich wollte unbedingt das Thema wechseln und die Aufmerksamkeit von mir ablenken. Wo war eigentlich David – jetzt, da ich ihn so dringend brauchte? Schließlich war es *sein* Vorschlag gewesen, daß ich ihn auf dieser zehntägigen Reise durch den Südosten des Landes begleiten sollte. Warum kam er mir nicht zu Hilfe?

In diesem Moment sah ich ihn nur wenige Meter entfernt stehen. Seinem amüsierten Gesichtsausdruck nach zu urteilen, hatte er die ganze Episode mitbekommen; er würde mir garantiert nicht helfen, aus dieser Lage herauszukommen. Ich unterdrückte den plötzlichen Drang, ihm die Zunge herauszustrecken, und begnügte mich statt dessen damit, ihm einen Blick zuzuwerfen, der besagte: »Laß uns gehen!« Ich wünschte mir im Moment nichts sehnlicher, als wieder in die Ruhe unseres Hotelzimmers zurückzukommen.

Weil ich wußte, wie mein Mann über den Gedanken, ich solle ein Buch schreiben, dachte, war ich ganz und gar nicht darauf erpicht, den Vorfall mit ihm zu besprechen. Ich war allerdings auch nicht überrascht, als *er* beim Zubettgehen die Sache zur Sprache brachte.

»Du siehst, Gwen«, begann er behutsam, »daß ich dir nichts vorgemacht habe, als ich sagte, die Leute würden mich ständig fragen, warum du eigentlich kein Buch schreibst. Nun hast du selbst gesehen, wie interessiert die Frauen daran sind, etwas über dich und *dein* Leben zu erfahren. Willst du nicht mal ernsthaft darüber nachdenken?«

»Oh, Dave«, stöhnte ich, »das haben wir doch schon zur Genüge durchgekaut. Du weißt genau, wie ich darüber denke. Erstens bin ich keine Schreiberin und zweitens ein viel zu unbedeutender Mensch, als daß man ein Buch über mich schreiben könnte. Wer würde schon meine Lebensgeschichte lesen wollen? Nur weil ich mit *dir* verheiratet bin.«

»Das mag zum Teil zutreffen, Liebling«, unterbrach David mich ruhig. »Aber die Fragen, die die Frauen dir heute abend gestellt haben, hatten nichts mit Neugier darüber zu tun, wie es ist, mit David Wilkerson verheiratet zu sein. Mach dir doch nichts vor, Gwen. Die meisten Leute sind ganz gewöhnliche Zeitgenossen. Bei den wenigsten wird aus einem Aschenputtel eine Prinzessin. Und du bist lange genug mit dem Herrn Jesus unterwegs, um anderen Frauen einige wichtige Dinge mitteilen zu können.«

»Aber doch nicht in einem *Buch!*« erwiderte ich erregt. Dann kam mir ein neuer Gedanke, und ich versuchte es mit einem Ablenkungsmanöver.

»Überhaupt, was ist mit dir los? Wie oft habe ich dich sagen hören, daß es viel zu viele Bücher gibt, in denen Frauen erfahren, wie sie mit ihrem Leben klarkommen, ihren Mann manipulieren und sich selbst verwirklichen können! Warum willst du plötzlich, daß ich auch noch auf den gleichen Zug aufspringen und versuchen soll, den Frauen zu erzählen, wie sie ganz gewöhnliche Christinnen sein können?«

Daraufhin schüttelte David den Kopf und sagte lachend: »Ich geb's auf, Gwen! Man kann einfach nicht vernünftig mit dir über dieses Thema sprechen. Das werde ich dem Herrn überlassen müssen. Diskutiere es mit *ihm* aus, wenn du kannst. Die Logik einer Frau werde ich wohl nie begreifen.« Immer noch lachend, gab er mir einen Gutenachtkuß und machte das Licht aus.

Ich hatte gehofft, damit sei die Sache erledigt und ich könne mich beim Nachhausekommen zufrieden wieder meiner Rolle als Hausfrau, Ehefrau und Mutter zuwenden. Ich hatte bestimmt nicht die Absicht, mich weiter mit irgendwelchen unangenehmen Gedanken über das Schreiben eines Buches herumzuplagen. Nicht, daß ich nicht gern ein Zeuge für Jesus sein wollte; ich war auch nicht der Meinung, an Minderwertigkeitsgefühlen zu leiden, wie David hin und wieder unterstellt hatte. Was ich jedoch absolut nicht wollte, war, daß die Leute dachten, ich würde mich selbst für so wichtig oder interessant halten, daß ein Buch über mich geschrieben werden mußte. Aus diesem Grund hatte ich alle diesbezüglichen Anspielungen bisher nie ernsthaft in Betracht gezogen – und trotzdem kein schlechtes Gewissen gehabt. Doch nun wollte der Frieden, den ich sonst immer über dieses Thema verspürt hatte, plötzlich nicht mehr zurückkommen. Das Gesicht der jungen Frau, die so flehentlich gebeten hatte: »Behalten Sie es nicht für sich. Lassen Sie andere an dem Reichtum teilhaben!«, ging mir nicht mehr aus dem Sinn, und ihre Worte bereiteten mir Gewissensbisse.

Schließlich tat ich in meiner Verzweiflung das, was David vorgeschlagen hatte – ich versuchte, mit Jesus über die Sache zu diskutieren. Und das war mein großer Fehler! Ich habe mit den Jahren gelernt, konstruktiv mit meinem Mann zu argumentieren, aber ich glaube heute, daß man mit dem Herrn keine wirklich befriedigende Diskussion führen kann. *Sie* sind es, die diskutiert; *er* hört zu und hat Sie einfach lieb. Sie bitten ihn, Ihnen zu sagen, was Sie tun sollen, und er antwortet mit der Frage, was Sie sich für Ihr Leben wünschen. Schließlich blieb mir nichts anderes übrig als zuzugeben, daß ich eigentlich gar nicht *wußte*, was ich wollte oder brauchte, sondern nur den einen Wunsch hatte, seinem Plan für mein Leben zu folgen - selbst dann, wenn es mit zu diesem Plan gehören sollte, die lesende Öffentlichkeit wissen zu lassen, wie er in einem so gewöhnlichen Leben wie dem meinen wirkt.

Irgendwo habe ich bei der Diskussion den kürzeren gezogen, denn dieses Buch ist tatsächlich geschrieben worden. Ich weiß nicht, ob und wie es den Leser »aufbauen« soll, und bin ganz und gar nicht davon überzeugt, daß irgendein Mensch tatsächlich aus meinen Fehlern lernen kann. Trotzdem bin ich nun bereit, alle diese Fragen Gott zu überlassen. Wenn er diese Geschichte wirklich dazu benutzen kann, einer anderen Frau auf ihrem Weg Jesus nach zu helfen, werde ich mich wundern, aber natürlich auch freuen. Ich vertraue dem Heiligen Geist, daß er das Geschriebene deutlich macht. Was mich betrifft, so verspreche ich, »die Wahrheit, die reine Wahrheit und nichts als die Wahrheit zu sagen« - so gut ich mich erinnern kann.

Gwen Wilkerson

~ TEIL EINS ~

Die Reise beginnt

KAPITEL 1

In dem Moment, als das alte Klavier die einleitenden Akkorde zu spielen begann, wußte ich, welches das erste Lied an diesem Morgen sein würde. Obwohl ich gerade einmal sechs Jahre alt war, brauchte ich nicht erst die richtige Seite im Gesangbuch aufzuschlagen, um die Melodie von »Seliges Wissen« zu erkennen. Es war eins meiner Lieblingslieder.

Mama und ich teilten uns immer das Gesangbuch im Gottesdienst, aber ich wußte, daß *sie* die Worte dieses beliebten Liedes ohnehin auswendig kannte. Meine Mutter liebte Jesus wirklich von Herzen, und ich beobachtete immer fasziniert ihr Gesicht, wenn sie Lieder über ihn sang. *Wenn ich erwachsen bin, werde ich genauso sein wie sie*, dachte ich. *Dann werde ich ganz sicher wissen, daß »Jesus mein ist«, so wie Mama es jetzt weiß.*

Die Musik schwoll zum Höhepunkt an, als wir den Refrain erreichten: »Das ist mein Rühmen, mein Jubelsang: Preis dir, mein Heiland, mein Leben lang!« Ich spürte eine Wärme durch meinen Körper rieseln, während ich diese Worte sang, und hörte, wie Mamas voller Alt die Harmonien zu meinem kindlichen Sopran fand. Mama und ich waren beide erklärte Liebhaber von Evangeliumsliedern. In dieser Hinsicht war ich bereits jetzt so wie sie.

Als der zweite Vers begann, spähte ich verstohlen an Mama vorbei, um zu sehen, was meine älteren Brüder machten. David und Ray waren vom Sonntag nicht ganz so begeistert wie ich; vielleicht hatte es damit zu tun, daß sie so ungern Krawatte und

Jackett trugen. Sie standen steif zwischen Mama und Papa, das aufgeschlagene Liederbuch vor sich, und schienen sich total zu langweilen. Jungen waren echt schwierig zu verstehen! In diesem Moment fing ich Papas Blick auf, der mißbilligend auf mir ruhte. Schnell wandte ich meine Augen wieder nach vorn und sang noch lauter als vorher: »Seliger Friede, völlige Ruh! Herrlicher Heiland, mein alles bist du!«

Wenn ich David und Ray schon nicht verstand, so verstand ich Papa noch weniger. Er war immer so ernst in seinem Umgang mit uns. Mama erklärte uns, seine Strenge sei ein Zeichen dafür, daß ihm sehr viel an uns liege und er uns zu vernünftigen Menschen erziehen wolle, aber manchmal fiel es mir schwer, das zu glauben. Sogar Mama gegenüber war er streng und genau. Kein Zweifel: Papa war bei uns im Hause der Boß, und sein Wort war Gesetz. Die wenigen denkwürdigen Male, als ich eine Tracht Prügel von ihm bezogen hatte, hatten mich ein für allemal von dieser wichtigen Tatsache überzeugt.

Als das Lied zu Ende war, nahmen wir wieder auf der harten Kirchenbank Platz, und ich schmiegte mich eng an Mama, um es mir etwas gemütlicher zu machen. Die Natur hatte mich noch nicht mit dem notwendigen »Polster« ausgestattet, um bequem auf der flachen Holzbank sitzen zu können. Sobald das Singen vorbei war, verlor ich gewöhnlich das Interesse am Gottesdienst – trotzdem versuchte ich immer, mich wie meine Mutter zu benehmen, soweit dies einer Sechsjährigen möglich war. Alles, was sie tat, tat ich auch; wenn sie den Kopf neigte, neigte ich ihn ebenfalls. Wenn sie seufzte: »Danke, Jesus!« war das für mich das Stichwort, um ein leises »Amen« zu flüstern. Ich war sicher, niemals fehlgehen zu können, solange ich Mamas Fußstapfen folgte.

Allerdings hatte ich große Mühe, der Predigt so aufmerksam zuzuhören wie sie. Pastor Casley sprach an diesem Morgen sehr lange, und meine Gedanken schweiften immer wieder ab. Als er die Not erwähnte, unter der viele unserer Mitglieder aufgrund der Weltwirtschaftskrise litten, fragte ich mich erneut, was es mit dieser Wirtschaftskrise eigentlich auf sich hatte. Man schrieb das Jahr 1937, und die Flaute dauerte schon so lange, wie ich zurückdenken konnte. Oft hörte ich die Erwachsenen sagen, daß es unsere kleine Stadt Forest Hills, im bergigen Kohlerevier rund um

Pittsburgh gelegen, ganz schön hart getroffen habe. Etliche Geschäfte hatten bereits aus Mangel an Umsatz schließen müssen, und Mama erzählte mir, daß viele Männer arbeitslos geworden seien. Sie sagte, wir sollten dankbar sein, daß Papa eine gute Arbeitsstelle bei Westinghouse habe und schon so lange in der Firma sei, daß man ihn nicht entlassen könne. Er hatte mit 14 dort angefangen und zuerst die Fußböden gekehrt. Inzwischen gehörte er zur Geschäftsleitung. »Euer Papa ist ein treusorgender Vater«, versicherte Mama uns stolz.

Somit vermute ich, daß wir nicht arm waren. Manchmal schien es uns allerdings so, denn wir Kinder mußten für jeden Cent, den wir ausgaben, Rechenschaft ablegen. Obwohl unser Haus komfortabel eingerichtet war, fehlte jeder unnötige Luxus. Papa kaufte höchstpersönlich die Lebensmittel ein und nahm selbst weite Wege in Kauf, nur um ein paar Cent zu sparen. Und Mama benutzte die »Sonderangebote«, die Papa nach Hause brachte, dazu, gute, nahrhafte Mahlzeiten zuzubereiten.

Er ist ganz einfach streng in allem, dachte ich. *Er läßt uns nie unseren Spaß haben, so wie andere Leute.*

Mit »Spaß« waren für mich zu der Zeit vielleicht Dinge gemeint wie auf die Rollschuhbahn oder ins Kino gehen. Solche frivolen Aktivitäten waren weder von meinem Vater noch von unserer Gemeinde gestattet. Erst als ich in die Schule kam und mit Kindern aus anderen Verhältnissen zusammentraf, merkte ich, was ich versäumt hatte. Ich stellte fest, daß es mehr im Leben gab als in die Kirche zu gehen und Mama bei der Hausarbeit zu helfen. Zwar hütete ich mich zuzugeben, daß ich Verlangen nach »verbotenen Früchten« hatte, aber manchmal fühlte ich mich regelrecht betrogen, wenn meine Kameraden mir sagten, wie sehr sie mich bedauerten. Noch schlimmer war es, zufällig Bemerkungen aufzuschnappen, die besagten, Gwendolyn Carosso sei *einfach anders*.

Das einzige Mädchen in der Familie zu sein, hatte ebenfalls gewisse Nachteile. Weil Mama und ich so gute Freundinnen waren, machte es mir im Grunde nichts aus, im Haushalt zu helfen (nur das Hemdenbügeln haßte ich), aber ich hatte trotzdem den Eindruck, daß meine Brüder besser daran waren und mehr Spaß hatten als ich. David und Ray durften Baseball und Football spielen, aber erst als sie in der 7. Klasse waren, durfte ich überhaupt bei ihren Spielen zuschauen. Papa nahm es übertrieben genau mit der Frage, wohin ich ging und mit wem. Der einzige Ort, zu dem ich gehen konnte, ohne hinterfragt zu werden, war die Gemeinde. Ich war sehr froh, daß unsere Gemeinde so viele Aktivitäten für Kinder anbot.

Natürlich hatte es auch ein paar Vorteile, Papas kleines Mädchen zu sein. Wenn meine Brüder mich ärgerten - was sie sehr gut konnten -, brauchte ich nur ein paar weibliche Tränen zu vergießen, um sie bei Papa in Schwierigkeiten zu bringen. Und außerdem durfte ich in der Sonntagsschule und im Gottesdienst hübsche Kleider tragen - die einzigen hübschen Dinge in unserer ansonsten eher tristen Umgebung. Die Kleidung meiner Brüder wurde aus zweckmäßigen Erwägungen gekauft; meine wurde mit Blick auf Aussehen wie auch auf Zweckmäßigkeit ausgesucht. *Ein Mädchen zu sein ist vielleicht doch gar nicht so übel*, dachte ich.

Mamas lautes »Amen!« riß mich aus meinen Gedanken und erinnerte mich daran, daß wir ja in der Kirche waren. Nachdem ein Schlußlied gesungen worden war, sprach Pastor Casley den Segen, und der Gottesdienst war zu Ende. Papa trieb uns aus der Tür hinaus und in seinen zwei Jahre alten Ford hinein, so schnell es ging. Er brannte darauf, möglichst rasch zum Sonntagsessen bei Oma Morgan zu kommen. Diesem Muster war unsere Familie gefolgt, solange ich zurückdenken konnte. Ein Sonntag verlief wie der andere.

Einige Jahre später, kurz nachdem ich zehn geworden war, kam jedoch ein Sonntag, der anders verlief. Das war der Sonntag, an dem ich getauft wurde. Irgendwann in diesen Jahren hatte ich beschlossen, nicht zu warten, bis ich ganz und gar erwachsen war, um Jesus nachzufolgen. Meine Sonntagsschullehrer hatten mich davon überzeugt, daß diese Reise beginnen konnte, sobald ich Jesus in mein Herz aufnehmen würde. Mit der Unterstützung meiner Mutter und der Beratung durch meinen Pastor legte ich ein öffentliches Glaubensbekenntnis ab und wurde als zur Taufe bereit akzeptiert. Ich erinnere mich noch genau daran, wie fremd ich mich in dem weißen Taufkleid fühlte, als ich vor der Gemeinde stand und die Fragen beantwortete, die man mir stellte. Ebenso lebhaft ist mir auch der Schock im Gedächtnis, den ich bekam, als der Pastor mich sanft, aber bestimmt in dem kalten Wasser des Taufbeckens untertauchte. Ich war zu jung, um mir theologisch alles zurechtgelegt zu haben, und hatte viele lehrmäßige Dinge noch gar nicht richtig begriffen. Was ich jedoch wußte, war, daß Jesus mich liebhatte, daß er für meine Sünden gestorben war und daß er in mir leben wollte. Genau das wollte ich auch.

In den darauffolgenden Jahren nahm die Gemeinde einen immer wichtigeren Platz in meinem Leben ein. Das lag zum einen daran, daß ich den Herrn Jesus wirklich liebhatte, aber auch daran, daß meine Möglichkeiten in bezug auf genehmigte Freizeitgestaltung sehr stark begrenzt waren. Sonntagsschul- und Gottesdienstbesuch, Ausflüge und gemeinsame Picknicks mit der Gemeinde sowie in späteren Jahren die Teilnahme an Chorübstunden und Jugendveranstaltungen waren meine einzigen gesellschaftlichen Betätigungsmöglichkeiten. Ich durfte weder an Tanzveranstaltungen noch an Partys teilnehmen, hatte dafür aber häufig Gelegenheit, mich mit meinen Freunden in der Gemeinde zu treffen. Als Teenager war die Freundschaft mit diesen jungen Leuten für mich sehr wichtig.

In dieser engen Gemeinschaft hatte ich als junges Mädchen ein entscheidendes Erlebnis. Nach einem Sonntagabendgottesdienst blieben drei von uns vorne am Altar zurück, um auf die Erfüllung mit dem Heiligen Geist zu warten. Jesus wählte diesen Zeitpunkt, um uns alle mit der »Kraft aus der Höhe« anzutun, die er seinen Jüngern unmittelbar vor seiner Himmelfahrt versprochen hatte. Aufgrund des Lebens meiner Mutter und der Lehre unserer Gemeinde wußte ich, daß man den Heiligen Geist persönlich ganz real erleben kann, aber ich war nicht im geringsten auf die überfließende Freude und Liebe vorbereitet, die mit dieser Erfahrung verbunden waren. Seit jenem Tag kann ich, so wie meine Mutter, von der »seligen Gewißheit« singen, daß Jesus mein ist, denn er hat mir seinen Heiligen Geist als Unterpfand der himmlischen Herrlichkeit geschenkt. Diese Gewißheit hat mich durch mein ganzes Leben hindurch begleitet und getragen.

Die Liebe zur Musik, die ich zuerst beim Singen von Evangeliumsliedern im Gottesdienst entdeckte, fand ihren Ausdruck auch innerhalb der Gemeinde. Nachdem ich einige Jahre lang

Klavierunterricht genommen hatte, war ich in der Lage, den Gesang in der Sonntagsschule und Jugendstunde zu begleiten. Musizieren war für Papa okay, solange es die richtige *Art* von Musik war.

Keiner hat mir gesagt, daß Rebellion ein wesentlicher Bestandteil der Teenagerjahre zu sein hat, und ich bin anscheinend groß geworden, ohne meinen Eltern ernsthafte Sorgen zu machen. Bestimmt habe ich manchmal eine Schnute gezogen, weil ich *immer* anständig lange Röcke anziehen mußte und nicht, so wie meine Freundinnen oft, auch mal lange Hosen oder Shorts tragen durfte. Ich weiß noch, daß ich mir manchmal auf der Mädchentoilette unserer High-School von meiner besten Freundin den Lippenstift auslieh - dorthin konnte mir Papas mißbilligender Blick ja nicht folgen.

In meinem tiefsten Innern wußte ich jedoch, daß die mir von meiner Familie und unserer Gemeinde auferlegten Regeln und Vorschriften, die mir manchmal so hart und unfair vorkamen, auf der Tatsache beruhten, daß man mich wirklich liebhatte und mir helfen wollte, dem Herrn treu zu bleiben, zu dessen Dienst ich mich entschlossen hatte. Es ist gar nicht so einfach, gegen diese Art von Liebe zu rebellieren.

Nur ein einziges Mal stimmte, soweit ich mich erinnern kann, die Überzeugung meines Vaters bezüglich dessen, was für mich richtig und was falsch war, absolut nicht mit meinen persönlichen Vorstellungen überein. Seit der 7. Klasse legte ich großen Wert auf meine Frisur und machte mit Vorliebe Nachbarinnen und Freundinnen zu Hause eine Dauerwelle. Ich war sicher, einmal eine gute Friseurin oder Kosmetikerin werden zu können, wenn ich nach meiner Schulzeit eine entsprechende Ausbildung machen würde. Papa war jedoch nicht bereit, einen derartigen Plan überhaupt in Erwägung zu ziehen. *Seine* Tochter sollte für Geld der Eitelkeit anderer Frauen Vorschub leisten? Der bloße Gedanke war für seine ernste Veranlagung total abstoßend. Er sprach ein absolutes, endgültiges NEIN und weigerte sich, je wieder über dieses Thema zu diskutieren.

Eine Zeitlang spielte ich weiter mit der Idee, obwohl ich ernsthaft bezweifle, daß ich je seinem erklärten Willen zuwidergehandelt hätte. Vielleicht würde ich ja doch eines Tages als Kosmetikerin Karriere machen – ein Traum, der jedoch nie in Erfüllung ging. Statt dessen wurde, als ich noch ein Teenager war, ein anderer Traum in mir geboren, der schließlich alle anderen Träume verdrängte. Sie müssen wissen: Ich war erst 13, als ich David Wilkerson zum erstenmal begegnete.

David

KAPITEL 2

»Oma, komm doch mal einen Augenblick her! Ich möchte dir etwas zeigen.« Ich wagte es nicht, allzu laut zu rufen. Omas Haus grenzte so nah an das Haus ihrer Tochter nebenan, daß ich sicher war, die Bewohner könnten mich sonst hören. Von meinem Platz am Fenster – gerade eben außer Sichtweite – konnte ich einen Großteil von Tante Marions Eßzimmer überblicken. Ich spürte, wie ein Schauer der Erregung meinen Körper durchlief.

»Schnell, Oma! Sonst verpaßt du ihn!«

»*Wen* verpasse ich, Kind? Was soll der ganze Wirbel?« wollte meine Großmutter wissen, als sie eilig zu mir ans Fenster gelaufen kam.

»*Da* darfst du nicht stehen, Oma! Komm hierher zu mir! Ich möchte, daß du dir diesen Jungen anschaust, der bei Tante Marion zu Besuch ist.«

»Ach, *den*? Den dünnen Kerl? Das ist doch Pastor Wilkersons Sohn, oder nicht? Sein Ältester. Was ist mit ihm?«

»Weißt du, Oma«, seufzte ich und versuchte, möglichst theatralisch zu klingen, »eines Tages werde ich ihn heiraten. Das ist mein zukünftiger Ehemann!«

»Meine Güte, Kind! Du hast ja wirklich erwachsene Ideen!« Großmutter versuchte, mich nicht auszulachen, aber sie verlor den Kampf. »Wie alt ist er denn? Nicht älter als 13, wette ich, genau wie du, und ebensowenig trocken hinter den Ohren. *So* eilig hast du es doch bestimmt nicht! Da haben deine Mama und dein Papa wohl auch noch ein Wörtchen mitzureden, nehme ich an.«

Ich konnte nicht anders, ich mußte in ihr Lachen mit einstimmen. Es hörte sich ja auch wirklich lächerlich an. Ich hatte mir nie viel aus Jungs gemacht und selbstverständlich noch nie mit einem Jungen ausgehen dürfen. Doch eine innere Stimme, eine stille, an diesem Tag in mir geborene Überzeugung, sagte mir, daß Pastor Wilkersons ältester Sohn eines Tages mein Mann sein würde. Es war eine Überzeugung, die mich nicht mehr losließ.

Die Familie Wilkerson war an diesem Sonntag bei Tante Marion zum Mittagessen eingeladen, nachdem Pastor Wilkerson im Gottesdienst der Turtle Creek Church – unserer Gemeinde – eine »Probepredigt« gehalten hatte. Von Anfang an war mir klar, daß er als unser neuer Pastor berufen werden würde, und ich war total entzückt darüber. Sowohl Herr Wilkerson als auch seine Frau waren ordinierte Pastoren, und unser Sonntagmorgengottesdienst war sehr lebendig und voller Inspiration gewesen. David hatte eine ältere Schwester, Juanita, eine jüngere Schwester, Ruth, und zwei jüngere Brüder, Jerry und Donald. Ich war sicher, daß wunderbare Zeiten vor unserer Gemeinde lagen, und der Gedanke setzte sich bei mir fest, daß auch vor mir persönlich wunderbare Zeiten lagen.

David war kein gewöhnlicher Teenager. Vielleicht war es der Umstand, nicht nur einen, sondern *zwei* Elternteile zu haben, die Pastoren waren, der ihn irgendwie anders sein ließ. Was auch immer der Grund sein mochte, er war, schon als ich ihm das erstemal begegnete, ein junger Mann mit einer klaren Berufung von Gott. Er wußte bereits, daß er dazu bestimmt war, ein Prediger des Evangeliums zu werden. Folglich verbrachte er seine Freizeit damit, in der Bibel zu lesen, Predigten auszuarbeiten und diese ab einem Alter von 14 Jahren in Gemeinden in der Nähe zu halten, wenn der Pastor nicht da war. Die Intensität seines Glaubens flößte mir Ehrfurcht ein.

Es müssen wohl Davids geistliche Qualitäten gewesen sein, die für mich so unwiderstehlich waren; sein Aussehen war es jedenfalls nicht. Erstens war er zu dünn, und seine strohblonden Haare waren nicht zu bändigen. Außer seinen verblüffend blauen Augen gab es an seiner äußeren Erscheinung nichts, was ich besonders attraktiv gefunden hätte. Trotzdem habe ich, nachdem ich ihn von Großmutters Fenster aus gesehen hatte, mich für keinen anderen Jungen mehr richtig interessiert. Mein Entschluß stand fest – ich war dazu ausersehen, die Frau eines Pastors zu werden.

Von jenem Zeitpunkt an setzte ich meine jugendlichen Kräfte zum größten Teil dafür ein, meine Zukunft im Auge zu behalten. Es war keine einfache Angelegenheit, Davids Freundin zu werden. Ich war ganz und gar nicht der aufdringliche Typ. Und selbst wenn ich es gewesen wäre, hätte ich praktisch keine Gelegenheit gehabt, da mein Vater mir erst gestattete, mit Jungen auszugehen, als ich die Schulzeit hinter mir hatte. Weil ich jedoch an allen Gruppenaktivitäten unserer Gemeinde teilnehmen durfte, waren David und ich mehrmals in der Woche zusammen. Wir versuchten nicht, als Paar aufzutreten, aber ich hielt ein wachsames Auge auf ihn. Sobald David seinen Führerschein besaß, konnte ich mich darauf verlassen, nach den Gemeindeveranstaltungen von ihm nach Hause gebracht zu werden.

Nach und nach fingen alle, sogar David, an, uns als Paar zu sehen. Ob dies das Resultat gegenseitiger Anziehung oder die Folge meiner Beharrlichkeit war, lasse ich dahingestellt sein. Doch als wir 1950 unseren Schulabschluß in der Tasche hatten, stand für David genauso fest, daß seine Zukunft mich einschloß, wie für mich klar war, daß ich die Frau eines Pastors werden würde – Davids Frau. Wir schienen ganz einfach füreinander bestimmt zu sein. Für uns war unsere Beziehung Teil des Planes, den Gott für unser Leben hatte.

Auch wenn *wir* den Eindruck hatten, Gott habe uns zusammengeführt, so hatte Papa ganz andere Gedanken. Trotz Davids offensichtlicher Ernsthaftigkeit und seiner Bereitschaft, hart zu arbeiten (während all seiner Jahre auf der High School hatte er stets einen oder mehrere Teilzeitjobs), war er für meinen Vater ein eher armseliger Heiratskandidat. Papa selbst war auf die harte Tour zum Erfolg gekommen. Er hatte nicht den Eindruck, daß ein Landpastor ein ebenso verläßlicher Brotverdiener sein würde wie er selbst, und wollte nicht, daß ich mich mit einem niedrigeren Lebensstandard zufriedengeben müßte.

Erstaunlicherweise verbot Papa mir nie, mich mit David zu treffen – eine Tatsache, die wahrscheinlich mehr über den offenkundigen Ernst meiner Absichten aussagt als über ein Nachgeben von seiten meines Vaters. Er muß gewußt haben, daß er mich nicht umstimmen konnte, war ich doch absolut sicher, daß David der Richtige für mich war. Trotzdem hielt ihn das nicht davon ab, es immer wieder zu versuchen. Papa machte mich darauf aufmerksam, daß David nie Zeit hatte, mit mir irgendwohin zu gehen, und daß unsere Freundschaft überhaupt einiges zu wünschen übrig ließ – was ohne Zweifel stimmte.

Nach seinem Schulabschluß ging David für neun Monate zum Central Bible College in Springfield/Missouri. Wenn er an den Wochenenden oder in den Ferien nach Hause kam, übernahm er entweder Predigtvertretungen in den Gemeinden rund um Pittsburgh oder er versuchte, mit einem seiner zahlreichen Nebenjobs Geld zu verdienen. Auf jeden Fall war er nicht in der Lage, ein besonders aufmerksamer Kavalier zu sein.

Es lag ohne Zweifel an Papas häufigen Sticheleien und seiner unumwundenen Ermunterung, mich nach anderen möglichen Heiratskandidaten umzusehen, daß ich die einzige andere Verabredung akzeptierte, an die ich mich erinnern kann. Das war im Sommer, nachdem David von der Bibelschule zurückgekommen war. Sein Nebenbuhler war ein höflicher, aufmerksamer und einigermaßen gut betuchter junger Mann, dessen einziger offensichtlicher Fehler darin bestand, daß er nicht David war. Trotzdem besaß er die eingebaute Fähigkeit, Herrn Wilkerson aufzurütteln und seine Aufmerksamkeit zu erregen. David, das war mir klargeworden, nahm unsere Beziehung einfach ein bißchen zu selbstverständlich hin. An dem Abend, als dieser neue Kavalier mich besuchen kam, sah ich Davids grüne Klapperkiste wieder und wieder um unseren Häuserblock fahren. Ich hatte keine richtige Freude an dem Besuch, aber es machte mir einen Heidenspaß, zu sehen, wie David vor Eifersucht kochte.

Am darauffolgenden Weihnachtsfest verlobten David und ich uns offiziell. Von dem, was er beim Hawkins Market und durch den Gebrauchtwagenhandel verdient hatte, gelang es David irgendwie, genug Geld zusammenzukratzen, um mir einen Ring mit einem kleinen Brillanten zu Weihnachten schenken zu können. Mein Traum, der vor beinahe acht Jahren begonnen hatte, sollte tatsächlich in Erfüllung gehen! Bald würde ich Davids Frau sein.

Wir faßten unsere Hochzeit für den kommenden Juni ins Auge. Seit meiner Entlassung aus der High School hatte ich bei der Lawson's Manufacturing Company im nahe gelegenen Wilkinsburg gearbeitet. Nun fing ich an, jeden Cent für mein Hochzeitskleid zurückzulegen. David fuhr mit seinen Predigtvertretungen an den Wochenenden fort und nahm so viele Teilzeitjobs an, wie er bewältigen konnte. Wir hatten also während unserer Verlobungszeit nicht sehr viel Zeit, die wir miteinander verbringen konnten. Ich fing an, ihn zu seinen sonntäglichen Predigtdiensten zu begleiten, einfach um auf den Fahrten zu und von dem jeweiligen Einsatzort bei ihm zu sein. Diese Fahrten waren vor unserer Hochzeit praktisch die einzige Zeit, in der wir allein waren. Ich frage mich heute, ob es mir damals überhaupt in den Sinn gekommen ist, daß ich doch eine ganze Menge über den Mann, den ich zu heiraten gedachte, und über die Ehe im allgemeinen zu lernen hatte. David und ich waren praktisch zusammen aufgewachsen und uns seit unserer High-School-Zeit mehr oder weniger darüber im klaren gewesen, daß wir einmal heiraten würden, aber unsere Treffen hatten fast immer in Gegenwart anderer Leute stattgefunden. Obwohl ich wußte, daß David ein warmherziger, liebevoller Mann war, gab es in unserer Beziehung nur wenig Gelegenheit, über das Stadium des Händchenhaltens hinauszukommen. Ich hatte von meiner Mutter sehr viel Wertvolles gelernt – aber Sexualerziehung war nicht dabei gewesen. Folglich war ich so naiv und unwissend, wie es eine junge Frau in der zweiten Hälfte des 20. Jahrhunderts nur sein konnte. David hatte kaum mehr Erfahrung als ich. Wir waren zwar sehr verliebt, behielten aber bis zur Hochzeit eine behutsame Beziehung und einen angemessenen Abstand bei.

Ich frage mich auch, ob ich überhaupt eine Vorstellung davon hatte, wie sehr ich in den vor mir liegenden Jahren erwachsen werden mußte. Das Zusammenleben mit einem Landpastor erschien mir vermutlich sicher und voraussagbar. Wie hätte ich ahnen sollen, was für eine Berufung dieser Mann einmal erhalten würde? Wie hätte ich mir vorstellen können, in welchem Maße ich mich in neue Rollen würde hineinfinden und neue geistliche

Einsichten verarbeiten müssen? Ich wußte nur, daß ich einen Pastor heiraten und mein Leben darin bestehen würde, Davids Leben zu teilen.

Was hätten wir uns noch mehr wünschen können?

KAPITEL 3

David und ich wurden am 14. Juni 1952 von seinem Vater getraut, und zwar in der Turtle Creek Church - da, wo unsere Liebe einst begonnen hatte. Es war eine bescheidene Feier, bei der nur unsere Familien und die allernächsten Freunde anwesend waren, doch für mich schien es der perfekte Start unseres gemeinsamen Lebens zu sein. Das feierliche Treuegelöbnis, vor dem Angesicht Gottes ausgesprochen, spiegelte den Ernst unserer Hingabe füreinander und an den Herrn wider. Der anschließend in einem Saal über der örtlichen Bank stattfindende Empfang war ein Ereignis voll Freude und herzlicher Gemeinschaft. Sogar Papa hatte sich so weit erweichen lassen, daß er bereitwillig an der Feier teilnahm. Wenn ich schon einem Mann als Ehefrau zugeführt werden mußte - und sei es auch ein armer Pastor mit einer fragwürdigen finanziellen Zukunft -, dann wollte *er* mich ihm zumindest zuführen. Schließlich war ich sein kleines Mädchen.

Unser Fotograf muß irgend etwas durcheinanderbekommen haben, so daß er gar nicht erschien, aber einem Freund mit einer Kamera gelang es, mit einem einzigen Klick auf den Auslöser Braut und Bräutigam für die Nachwelt auf die Platte zu bannen. Dieses Foto hängt heute, vergrößert und eingerahmt, an der Wand unseres Schlafzimmers - eine verblaßte Erinnerung an einen unvergeßlich schönen Tag. Unsere unmöglich lange Freundschaftszeit war vorbei, und die gemeinsame Zukunft lag vor uns.

Ich hatte das Gefühl, daß unsere Ehe einen ausgesprochen guten Anfang genommen hatte.

Wenigstens kam es mir so vor, bis wir unter dem traditionellen Reisschauer und dem Geklapper der Blechdosen, die man an die Stoßstange von Davids grünem Auto gebunden hatte, die Hochzeitsfeier verließen. Es war schon ziemlich spät, und unser Ziel war noch nicht ganz klar. Wir hatten geplant, unsere einwöchige Hochzeitsreise in die Gegend von Washington, D.C. zu machen, aber David hatte es versäumt, für diese erste Nacht irgendwo ein Hotelzimmer zu reservieren. So verbrachten wir die Hochzeitsnacht in einer Kleinstadt in Maryland, in einem Hotel, das bestimmt inzwischen aus Altersgründen eingestürzt ist. Es war eine Umgebung, die man kaum als romantisch hätte bezeichnen können. Eine nackte Glühbirne hing von der rissigen Decke unseres dürftig möblierten Zimmers. Es war ein Glück, daß keiner von uns beiden Luxus gewohnt war, und ein noch größeres Glück, daß wir beide einen Sinn für Humor hatten und zudem sehr verliebt waren.

Die Liebe blieb Sieger, nicht nur an diesem Tag, sondern auch die ganze Woche über. Sogar Davids schlimmer Sonnenbrand, den er sich am Schwimmbecken des Motels, in dem wir den Rest der Woche verbrachten, zuzog, und meine Nervosität als Neuvermählte konnten uns die Freude des Zusammenseins als Mann und Frau nicht rauben. Unsere Hochzeitsreise war zwar keine Woche purer Wonne wie im Märchen, aber ein guter Einführungskurs in alles, was wir übereinander und über die ganze Sache des Ehelebens lernen mußten.

Wieder zu Hause angekommen, zogen wir in eine Ein-Zimmer-Wohnung im 3. Stock des Hauses von Davids Eltern. Ein Zimmer reichte damals für uns völlig aus, denn wir waren häufiger unterwegs als daheim. David war nun ein vollzeitiger Reiseevangelist, und für seine junge Frau gab es nichts Schöneres, als ihn auf seinen Reisen zu begleiten. Papas Voraussagen über die Ungewißheit unserer finanziellen Situation erwiesen sich als richtig, denn Davids einziges Einkommen waren die Gaben, die zusammengelegt wurden, wenn er predigte. Wir waren vollkommen auf Gottes Versorgung im Hinblick auf unsere materiellen Bedürfnisse angewiesen.

Und der Herr gab uns wirklich reichlich alles, was wir brauchten. Wir wurden von den Gemeindegliedern, bei denen wir auf unseren Reisen untergebracht waren, bestens versorgt, und was wir aus den Opfergaben an Geld erhielten, reichte für unsere sonstigen kleinen Ausgaben aus: Benzin fürs Auto und Miete für unsere Wohnung. Wir waren mit unserem Los mehr als zufrieden. Wir konnten zusammen sein und gemeinsam dem Herrn dienen. David predigte das Evangelium, wie nur er es predigen konnte, und sammelte nebenbei wertvolle Erfahrungen in bezug auf Evangelisation. Und ich durfte lernen, seine Gehilfin und Lebenskameradin zu sein. Was konnten wir uns noch mehr wünschen?

Trotzdem - egal, ob wir darauf vorbereitet waren oder nicht, es kam mehr. Noch ehe wir unseren ersten Hochzeitstag gefeiert hatten, merkte ich, daß ich schwanger war. Wir hatten zwar nicht geplant, so bald Eltern zu werden, trotzdem war ich begeistert und freute mich riesig. Es war ein Glück, daß mir die Aussicht, Mutter zu werden, willkommen war, denn meine Schwangerschaft machte einige weniger willkommene Veränderungen in unserem Lebensstil notwendig. Weitere Reisen zu unternehmen schien in diesem Zustand nicht mehr weise zu sein. Folglich setzte David seinen Reisedienst allein fort, während ich zu Hause blieb und auf die Geburt unseres Babys wartete. Mich zu schonen, auf eine ausgewogene Ernährung zu achten und viel zu schlafen, kam mir irgendwie nicht halb so wichtig oder befriedigend vor wie die Arbeit, die David tat. Ich fühlte mich ausgeschlossen und hatte sogar mit Anflügen von Neid und Depression zu kämpfen.

Natürlich hielt ich diese Gedanken verborgen. Ich wagte es kaum, sie mir selber einzugestehen - wie hätte ich da irgend jemand sonst erzählen können, daß ich auf meinen eigenen Mann eifersüchtig war! Leute, die mir nahestanden, schrieben meine ungewohnte Gereiztheit vermutlich der Tatsache zu, daß ich »in anderen Umständen« war, aber Jesus kannte den wahren Grund meiner Launenhaftigkeit. Als ich im Gebet zu ihm kam, versuchte er, mich zu trösten. Er versicherte mir, daß ich genauso für ihn arbeitete wie David. Neues Leben zu schaffen gehört mit zu seinen größten Freuden, und ich war bei diesem besonderen Schöpfungsakt sein Werkzeug. Er versuchte mir klarzumachen, daß meine und Davids Aufgaben zwar unterschiedlich in ihrer Art, aber nicht in ihrem Wert waren. Schließlich besiegte die Vorfreude den Groll. Doch die endgültige Lektion ließ sich nicht in einer einzigen Sitzung lernen.

Als der Geburtstermin näher rückte, war ich froh, daß der Herr in meiner Nähe war, denn es wurde immer offensichtlicher, daß das bei David vielleicht nicht der Fall sein würde. Er versuchte zwar, seine Predigtreisen so zu planen, daß er bei der Geburt dabeisein konnte, aber der errechnete Termin kam und ging ohne ein Anzeichen von Wehen. Als eine volle Woche verflossen war, mußte David wieder abreisen, um einige Verpflichtungen, die er Monate vorher eingegangen war, zu erfüllen. Er rief mich jeden Abend an und kam sooft wie möglich nach Hause - aber er war nicht bei mir, als Deborah Ann am 4. Oktober 1953 das Licht der Welt erblickte. Als sie erst einmal beschlossen hatte, sich blicken zu lassen, zeigte sie sich in bezug auf den gesamten Prozeß sehr kooperativ - und sie war so niedlich, daß es mir leicht fiel, ihr alle Enttäuschung und Sorge zu vergeben, die sie David und mir durch ihr Zögern, auf die Welt zu kommen, bereitet hatte. Sie wog 3,6 Kilogramm und hatte den Kopf voller hellbrauner, lockiger Haare. Ich beschloß, sie zu behalten.

Als David nach Hause kam, um seine neugeborene Tochter zu begrüßen, zog sie ihn ebenfalls sofort in ihren Bann. Ich hatte ihn noch nie so glücklich oder stolz gesehen. Wie konnte ich einem Mann, der so offensichtlich mit mir zufrieden war, böse sein? Die Enttäuschung darüber, daß er an diesem wichtigen Tag nicht bei mir gewesen war, wurde verdrängt, und wir freuten uns einfach miteinander über das wunderbare Geschenk neuen Lebens.

Mutter zu sein fiel mir leicht. Ich liebte es, Debbie zu versorgen, und hatte endlich wieder das Gefühl, nützlich zu sein und etwas Sinnvolles zu leisten. Sobald die Kleine alt genug war zum Reisen, bestand David darauf, daß wir drei zusammen auf Tour gingen. Ich freute mich riesig darüber. Trotz der Unannehmlichkeit von Windeln und Milchfläschchen und dem manchmal beschwerlichen Aspekt, ständig bei fremden Leuten zu Gast sein zu müssen, war es ein gutes Gefühl, wieder mit meinem Mann unterwegs zu sein und somit auch sichtbar zu seinem Leben dazuzugehören.

David selbst war es, der dieser Phase unseres Ehelebens kurz vor Debbies erstem Geburtstag ein Ende setzte. Er brachte mir die Neuigkeit bei, als wir von einer besonders gesegneten Predigtreise nach Hause fuhren.

»Gwen, Liebling«, fing er an, »ich glaube, der Herr hat ab jetzt etwas anderes mit meinem Leben vor. Ich habe den Eindruck, ich soll Pastor einer Gemeinde werden - so wie Papa und Mama, weißt du.«

Ich hielt die Luft an, aus Angst, zu hoffnungsvoll zu erscheinen. Ich wollte nicht, daß David nur wegen des Kindes und mir seine Begabungen in eine andere Richtung lenkte und seßhaft wurde, konnte jedoch das Gefühl der Begeisterung, das in mir aufstieg, nicht unterdrücken. Der Dienst in einer lokalen Gemeinde würde ein wesentlich normaleres Zusammenleben und auch ein eigenes Heim bedeuten. Ich gab mir Mühe, meiner Stimme einen möglichst gleichgültigen Klang zu geben, als ich erwiderte: »Ach, das ist ja interessant, David - aber ich dachte, du würdest dich zum Evangelisten berufen fühlen.«

»Ja, das stimmt«, gab David zu. »Genau das habe ich ja in den vergangenen Jahren auch getan, und ich denke, daß Gott diese Arbeit gesegnet hat. Doch jetzt glaube ich, daß er etwas anderes im Sinn hat. Laß uns darüber beten, okay?« Genau das taten wir dann auch.

Als die Antwort kam, erwies sich Davids Ahnung als richtig. Er erhielt einen Ruf zum Dienst in eine Landgemeinde in Philipsburg/Pennsylvania, und wir gewöhnten uns sehr schnell an das Leben einer Pastorenfamilie auf dem Land.

Die nächsten vier Jahre gehören mit zu den glücklichsten meines Lebens. Es waren Jahre des Wachstums sowohl für uns persönlich als auch für die Gemeinde. Die Mitglieder unserer kleinen Gemeinde waren wunderbare, warmherzige Christen, die ihr möglichstes taten, damit wir uns zu Hause fühlen konnten. Davids Dienst schien während dieser Zeit ganz besonders effektiv zu sein. Sein evangelistisches Feuer ließ keineswegs nach, doch zu seinem Predigttalent schenkte Gott ihm nun zusätzlich noch besondere pastorale Gaben. Das Ergebnis war eine sehr schnell wachsende Gemeinde. Innerhalb eines Jahres hatte die aus 70 Mitgliedern bestehende Gemeinde sich beinahe verdreifacht, und wir bekamen ein neues Kirchengebäude und Pastorenhaus. Der Herr segnete die Gemeinde ganz offensichtlich mit Wachstum und Gedeihen.

Auch unsere Familie wurde mit Zuwachs gesegnet. Am 8. März 1955 erschien eine zweite Tochter auf der Bildfläche, die zusätzliche Freude in unser Leben brachte und für die 18 Monate alte Debbie eine Spielgefährtin wurde. Diesmal war David daheim - aber wenn ich mir vorgestellt hatte, daß mein Mann meine Hand halten und mir Mut zusprechen würde, während ich in den Wehen lag, dann hatte ich den Falschen im Sinn. David war so nervös, daß er es nicht im Krankenhaus aushielt, sondern einen Spaziergang machte und betete, während Bonnie Kay auf die Welt kam. Seine Gebete müssen erhört worden sein, denn der Herr gab Gnade zur Geburt, und wir bekamen ein zweites hübsches kleines Mädchen geschenkt. Mit ihren dunklen Augen und dem Schopf dunkler Ringellocken bildete sie einen schönen Kontrast zu ihrer blonden Schwester. Wir fühlten uns gesegnet mit zwei so reizenden, gesunden Töchtern.

Während unserer Zeit in Philipsburg hatten David und ich Gelegenheit, in die Elternschaft hineinzuwachsen. Durch Erfahrung lernten wir, unsere Kinder so zu erziehen - mit gleichen Teilen an Strenge und Liebe -, wie wir uns das vorgestellt hatten. Wir weihten beide Mädchen schon als Babys dem Herrn und nahmen vom Zeitpunkt ihrer Geburt an Gottes Verheißungen für sie in Anspruch. Während wir sahen, wie seine Hand so offensichtlich auf ihrem Leben lag, konnten wir uns entspannen und einfach auf seine Fähigkeit und Bereitschaft vertrauen, all unsere Unzulänglichkeiten als Eltern auszugleichen.

Es wäre mir sehr recht gewesen, mein ganzes Leben in Philipsburg zu verbringen, eingetaucht in den ruhig dahinfließenden Strom der Gemeinschaft und Zufriedenheit, die wir dort erlebten. Im Geist sah ich David und mich in der friedlichen Kleinstadt alt werden und miterleben, wie unsere Kinder erwachsen wurden, heirateten und selber wieder Kinder bekamen.

Es war ein reizvolles Bild, aber meine Schau war sehr kurzsichtig. Auch wenn solche friedlichen Zeiten vielleicht irgendwann kommen mochten, so hatte Gott doch in der Zwischenzeit andere Dinge für uns geplant. Es gab noch viele Lektionen, die wir lernen mußten. Philipsburg war nur der Ausgangspunkt, ein Übungsfeld für David und mich. Bald sollten wir neue Dienstmöglichkeiten für den Herrn kennenlernen.

Mehrere Vliese

KAPITEL 4

»Was ist los mit dir, Dave?« fragte ich wohl zum zehnten Mal in ebenso vielen Tagen. Seit Wochen schon benahm mein Mann sich total unnatürlich, und ich wußte, daß ihn irgend etwas bedrückte. Bis in die Nacht hinein saß er in sich zusammengesunken vor dem Fernseher und starrte mit leerem Blick auf den Bildschirm. Es sah ihm einfach so gar nicht ähnlich, derart viel Zeit untätig zu vergeuden.

»Ach, nichts, Schatz«, war die Antwort, die ich meistens erhielt. Dieses Mal jedoch sprang er auf, ging mit langen Schritten im Zimmer hin und her und sagte schließlich: »Gwen, Liebling – ich weiß es auch nicht!« Er schüttelte verwundert den Kopf. »Irgend etwas will der Herr von mir, aber ich komme nicht dahinter, was es ist. Ich spüre, daß er mich innerlich auf etwas Neues vorbereitet, und es macht mich kribbelig, nicht zu wissen, wo es hingeht. Tut mir leid.« Er streckte die Hand aus, um mir entschuldigend auf die Schulter zu klopfen. »Ich will mich nicht an dir und den Mädchen abreagieren. Ich finde bloß keine Ruhe, solange ich nicht weiß, was es ist, das ich hören soll.«

Meine Antwort war mehr sarkastisch als verständnisvoll: »Wie wär's, wenn du zuerst den Fernseher etwas leiser drehst, damit du überhaupt hörst, wenn er redet?«

David drehte sich um und starrte das Gerät an, als sähe und hörte er es zum ersten Mal. »Oh – stimmt!« sagte er, während er hinging und den Apparat ausschaltete. »Vermutlich habe ich in letzter Zeit tatsächlich ein bißchen zu oft vor der Glotze gesessen. Ich kann mich einfach nicht mehr konzentrieren.«

Seine Bestürzung war so ungewöhnlich wie sein ganzes Verhalten in der letzten Zeit. Ich hatte David noch nie so erlebt - so zerstreut und geistesabwesend. Gewöhnlich schienen ihn die Anweisungen vom Herrn klar und direkt zu erreichen. Eins der Dinge, die ich am meisten an meinem Mann bewunderte, war eben diese Fähigkeit, zu erkennen, in welche Richtung Gott sein Leben lenken wollte, und dann entsprechend zu handeln. Doch im Moment schien er überhaupt keinen Durchblick zu haben. Da ich ihm aber offensichtlich auch nicht helfen konnte, umarmte ich ihn kurz und sagte, ich würde ins Bett gehen. Noch ehe ich die Schlafzimmertür hinter mir geschlossen hatte, hörte ich den Fernsehschalter klicken, und das Geräusch der Abendschau erfüllte von neuem unser Haus. Mein Mitgefühl für David kämpfte gegen ein starkes Gefühl des Ärgers.

Am nächsten Tag versetzte David mich mit seiner Ankündigung in Erstaunen, er werde das Fernsehgerät verkaufen.

»*Was* willst du?« fragte ich ungläubig. »Wie in aller Welt willst du dich denn unterhalten, nachdem wir anderen alle schlafen gegangen sind, wenn du den Fernseher verkaufst?«

Mich von dem Gerät zu trennen, machte mir überhaupt nichts aus, wenn es bedeutete, daß ich wieder einen normalen Ehemann bekam - aber ich hatte den starken Verdacht, daß dies allein das Problem nicht lösen würde. Doch David war bereits damit beschäftigt, sich nach Papier und Bleistift umzusehen, wobei er etwas von einem »Vlies« murmelte.

Dieser Begriff war mir natürlich nicht fremd. Ich kannte die Geschichte von Gideon im Alten Testament, der den Herrn bat, sein Versprechen, ihm im Kampf beizustehen, dadurch zu bestätigen, daß er ein Vlies, das über Nacht ausgelegt wurde, entweder naß oder trocken sein ließ, je nach Gideons Wunsch. Aber mir war nicht klar, was das mit dem Verkauf unseres Fernsehers zu tun haben sollte. David hatte ja bereits beschlossen, ihn zu verkaufen. Was sollte der Herr noch dazu sagen?

»Hör zu, Gwen«, erklärte David mir, während er den Bleistift, den er inzwischen gefunden hatte, anspitzte, »ich denke, Gott möchte, daß ich mehr Zeit im Gebet und weniger Zeit vor dem

Fernseher verbringe, aber *sicher* bin ich mir dieser Tage über gar nichts mehr. Vielleicht ist das auch nur viel Lärm um nichts, was ich mache. Vielleicht soll der Fernseher hier im Wohnzimmer bleiben, und ich soll lediglich lernen, weniger davorzusitzen. Wie gesagt, ich weiß es nicht. Deswegen werde ich jetzt eine Anzeige für die Zeitung aufsetzen und Gott bitten, sie als Vlies anzunehmen. Wenn er will, daß ich die späten Abendstunden anstatt vor dem Fernseher im Gebet verbringe, dann wird er mir das zeigen, indem er uns einen Käufer für das Gerät schickt – und zwar innerhalb von einer halben Stunde, nachdem wir unsere Zeitung mit der besagten Anzeige bekommen haben.«

»Eine halbe Stunde!« rief ich lachend. »Also, Dave Wilkerson, ich glaube, du willst den Fernseher gar nicht wirklich verkaufen! Warum läßt du dir nicht wenigstens ein oder zwei Tage Zeit? Eine halbe Stunde ist unmöglich!«

»Siehst du, Gwen, genau das ist es!« David war die Sache vollkommen ernst. »Ich möchte es *fast* unmöglich machen, um ganz sicher zu sein, daß der Herr seine Hand im Spiel hat. Wenn sich so schnell ein Käufer bei uns meldet, weiß ich, daß Gott die Sache eingefädelt hat, und das ist dann meine Antwort.«

Trotz meiner Skepsis konnte ich mich eines erwartungsvollen Gefühls nicht ganz erwehren, als David die Anzeige zur Post brachte. Wann würde sie wohl in der Zeitung stehen?

Zwei Tage später lag die Zeitung mit Davids Anzeige um 8 Uhr morgens bei uns im Briefkasten. Nachdem wir die Annonce auf ihre Richtigkeit überprüft hatten, saßen wir mit unseren beiden Mädchen im Wohnzimmer, die Augen auf die Zeiger der Wanduhr gerichtet. Während Minute um Minute verrann, konnte ich sehen, wie David immer unruhiger wurde. Für Debbie und Bonnie war das Ganze ein lustiges Spiel, aber David war nicht nach Lachen zumute. Als 29 Minuten vergangen waren, öffnete er den Mund, um etwas zu sagen, aber er kam nicht mehr dazu. Im gleichen Moment klingelte das Telefon, und das Fernsehgerät war verkauft – einfach so! David hatte seine Antwort, und wir waren wieder einmal tief beeindruckt von den ungewöhnlichen Mitteln, die unser Herr benutzt, um mit seinen Kindern zu reden, wenn sie bereit sind, auf seine Stimme zu hören.

David hatte nun jede Menge Zeit zum Beten und Bibellesen, und ich brauchte nicht länger das Gefühl zu haben, ein technisches Bildgerät rivalisiere mit mir um seine Aufmerksamkeit. Ich hoffte nur, er würde bald echte göttliche Führung bezüglich der Frage erhalten, was er als nächstes tun solle. Als diese Führung dann aber tatsächlich eintraf, dachte ich, wir hätten vielleicht doch lieber den Fernseher behalten sollen.

»Gwen, ich werde eine Reise nach New York City machen müssen«, verkündete David eines Morgens beim Frühstück. »Macht es dir etwas aus? Ich sollte in ein paar Tagen wieder zurück sein.«

Ob es mir etwas ausmachte? Nicht wirklich. Ich kannte David gut genug, um ihm zu vertrauen, auch in so einer Großstadt wie New York. Aber ich hätte doch gerne gewußt, warum er plötzlich einen Ort aufsuchen mußte, der etwa 560 Kilometer entfernt lag.

»Schau dir das an«, forderte mich David als Erklärung auf. Er breitete ein Exemplar der Zeitschrift *Life* vor mir aus, und ich starrte widerstrebend auf eine Zeichnung, die sieben Jungen im Teenageralter vor Gericht zeigte, wo ihnen wegen Mordes an einem verkrüppelten Jungen mit Namen Michael Farmer der Prozeß gemacht wurde. Ich begriff immer noch nicht, was das mit Davids Entschluß, nach New York zu fahren, zu tun hatte, und sagte ihm das auch.

»Weißt du, wenn ich mir diese Gesichter anschaue, bin ich zutiefst bewegt«, gab David zur Antwort. »Ich kann nichts dagegen machen. Es scheint mir, als fordere Gott mich auf, ihnen in irgendeiner Weise zu helfen. Ich habe zwar keine Ahnung, was ich tun kann, aber ich weiß, daß ich nach New York fahren und versuchen muß, die Jungs zu treffen.«

In der Gebetsversammlung, die an diesem Mittwochabend stattfand, brachte David sein Anliegen vor die Gemeinde. Ermutigt durch ihre Unterstützung, die sich greifbar in dem spontan für die Reise zusammengelegten Opfer ausdrückte, machten sich David und unser Jugendleiter Miles Hoover am nächsten Morgen auf den Weg nach New York. Obwohl er mit meinem Segen ging, hatte ich insgeheim Angst, er könnte das, was Gott von ihm wollte, vielleicht falsch verstanden haben.

Der Rest ist Geschichte: wie David von der Polizei aus dem Gerichtssaal geworfen wurde, das Foto, das ihn zeigte, wie er wild seine Bibel schwenkte, und die Art und Weise, wie die Zeitungen im ganzen Land die Geschichte von dem Prediger aufgriffen, der den Prozeß um Michael Farmer durcheinandergebracht hatte.

David und Miles verließen New York am Freitag abend und fuhren weiter nach Scranton, wo Davids Eltern inzwischen wohnten. Nach einem kurzen Besuch bei ihnen kamen sie am Samstag nachmittag zurück nach Philipsburg, um die Suppe auszulöffeln, die sie sich eingebrockt hatten.

Ich hatte, seit die Zeitungen an diesem Morgen erschienen waren, zahllose Anrufer am Telefon abwimmeln müssen, wußte aber immer noch nicht, was genau passiert war. Was ich wußte, war, daß David ganz bestimmt nicht nach New York gefahren war, damit sein Bild in der Zeitung erschien. Wahrscheinlich würde ich die Erklärung aus seinem eigenem Mund hören müssen. Doch als er heimkam, konnte er kaum über das, was passiert war, sprechen, nicht einmal mit mir. Er war total verwirrt über die seltsame Wendung der Ereignisse und fürchtete sich davor, am Sonntag vor die Gemeinde zu treten, ohne etwas Positives berichten zu können.

»Gwen, ich habe die Sache total vermasselt«, faßte er das Vorgefallene müde zusammen. »Ich habe nicht mit einem einzigen dieser Jungs sprechen können. Das einzige, was mir gelungen ist, ist, daß ich meinen Dienst öffentlich der Lächerlichkeit preisgegeben habe. Trotzdem habe ich immer noch den Eindruck, daß der Herr mich auf irgendeine Weise mit diesen Jungs zusammenbringen will. Bin ich verrückt, oder was? Was soll ich bloß morgen der Gemeinde sagen?«

Ich wußte es auch nicht. Deshalb fragte ich: »Was haben denn deine Eltern dazu gesagt?«

»Mama meint, daß der Herr mit dem allen vielleicht ein bestimmtes Ziel verfolgt. Ich weiß zwar nicht, welches, aber ich muß immer an den Vers im Römerbrief denken, in dem es heißt, daß denen, die Gott lieben, alle Dinge zum Guten mitwirken.«

Es dauerte eine ganze Weile, bis wir herausfanden, daß Gott mit der öffentlichen Demütigung, die David erlitten hatte, tatsächlich ein bestimmtes Ziel verfolgte. Als er schließlich den Mut aufbrachte, als Antwort auf die beharrliche Weisung Gottes zurück nach New York zu gehen, öffneten sich ihm Türen zum Dienst an jugendlichen Mitgliedern anderer Straßenbanden – und zwar genau deshalb, weil David als der »dünne Prediger, der von der Polizei aus dem Gericht geschmissen worden ist«, bekannt geworden war. Wieder einmal staunten wir über Gottes Planung und sein perfektes Timing.

Bis dahin jedoch war Davids Stolz sehr stark angekratzt, und ich konnte wenig tun, um ihm zu helfen. In der Tat hatte ich mit mir selber gerade genug zu tun. Ich erwartete nämlich unser drittes Kind und fühlte mich bei weitem nicht so wohl wie bei den ersten beiden Schwangerschaften. David fuhr immer öfter nach New York, lief durch die Straßen der Stadt und versuchte, auf die Führung Gottes zu achten. Seine Abwesenheit bedeutete, daß ich unter der Woche viele Anrufe von unseren Gemeindegliedern selber entgegennehmen mußte. Debbie, 4 ½, und Bonnie, 3 Jahre alt, beanspruchten immer noch einen Großteil meiner Zeit und Kraft. Trotz meiner tiefen Sorge um David, der noch hagerer zu werden schien als gewöhnlich, konnte ich wenig tun, um ihm zu helfen, außer ihn liebzuhaben und für ihn zu beten.

Als die Geburt des Babys näher rückte, wurde meine Sorge um David mehr und mehr vom Ärger über seine häufige, meist längere Abwesenheit von zu Hause verdrängt. Gerade jetzt, wo ich ihn am dringendsten brauchte, fuhr er weg, um hinter einem Haufen unbekannter Bandenmitglieder in einer weit entfernten Stadt herzurennen. *Und was ist mit uns?* fragte ich mich selbst und Gott. *Was ist mit seinen eigenen Kindern? Was ist mit mir? Macht er sich gar nichts aus uns? Warum bleibt er nicht zu Hause und kümmert sich um seine Gemeinde und seine Familie?*

Die Eifersucht und Wut, die ich vor Debbies Geburt erlebt hatte, waren mild gewesen, verglichen mit den Gefühlen, die jetzt in mir brodelten und manchmal sogar überkochten. Ich hatte mich nicht genügend mit ihnen auseinandergesetzt, als sie mich das erstemal attackierten. Jetzt waren sie mit verstärkter Kraft zurückgekommen, und ich hatte sie nicht mehr unter Kontrolle.

Je mehr ich mich dem Selbstmitleid hingab, um so gereizter wurde ich. Eines Freitag abends, als ich David zurückerwartete, sperrte ich ihn absichtlich aus, um ihm eine Lektion zu erteilen. Natürlich konnte ich nicht schlafen, sondern mußte aufstehen und ihn hereinlassen, als ich ihn an der Haustür rumoren hörte. Trotzdem hoffte ich, daß mein kindisches Benehmen Eindruck gemacht hatte.

David war in New York, wo er eine Reihe evangelistischer Veranstaltungen für Bandenmitglieder in der St. Nick's Arena abhielt, als Gary Randall geboren wurde. Ich war so erleichtert darüber, daß die Tortur dieser langen Schwangerschaft endlich vorbei war (Gary war genau so eine Transuse wie Debbie und ließ sich mit seinem Kommen unendlich viel Zeit), und so dankbar für einen gesunden Sohn, daß die Bitterkeit, die ich in den vergangenen Wochen gehegt hatte, sich einfach in Luft aufzulösen schien. *Es ist reine Dummheit, Tränen über das zu vergießen, was vergangen ist*, sagte ich zu mir selbst. *Jetzt ist das alles vorbei. David konnte nicht hier sein, und damit basta. Wahrscheinlich war die Schwangerschaft schuld an deiner Gereiztheit. Aber jetzt wird alles wieder gut!*

Und tatsächlich, es schien alles wieder gut zu sein. David war für längere Zeit zu Hause und strahlte vor Stolz über seinen Sohn. Während ich mehr und mehr wieder zu Kräften kam, kehrte auch meine innere Ausgeglichenheit zurück. Als David mir dann noch von einer anderen Geburt berichtete, die etwa zur gleichen Zeit wie Garys stattgefunden hatte, erkannte ich wieder einmal, daß Gott *alle* Ereignisse unseres Lebens unter seiner Kontrolle hat.

An dem Abend, als Gary geboren wurde, hatte David versucht, mit einem obdachlosen jungen Bandenführer namens Jo-Jo über die Liebe Gottes zu sprechen. Jo-Jo hatte nie irgendwelche Liebe erfahren, und es fiel ihm schwer, den Versicherungen Davids, daß Gott ihn liebhabe und an ihm interessiert sei, Glauben zu schenken. Als er erfuhr, daß ich in Kürze ein Baby erwartete und David sich einen Jungen wünschte, unternahm er einen für seine Verhältnisse riesengroßen Schritt in Richtung Glauben. Er bat Gott, ihm seine Liebe zu beweisen, indem er uns einen Sohn schenken würde.

Jo-Jo war ehrlich auf der Suche nach Gott, und sein Gebet war ein ebenso echtes »Vlies«, wie Davids Test mit dem Fernseher es gewesen war. Garys Geburt überzeugte Jo-Jo, daß Gott ihn tatsächlich liebhatte und daß er Gebet erhörte. In der gleichen Nacht wurde ein neues Leben in Jo-Jo geboren - ein Leben, das viel Frucht hervorbringen sollte. Aber das ist eine andere Geschichte.

Die Evangelisationsveranstaltungen in der St. Nick's Arena führten zu gewaltigen Durchbrüchen im Leben einiger anderer Bandenführer, an denen David gearbeitet hatte: Nicky, Israel, Sonny und anderen. Danach war bei uns zu Hause nie mehr alles so wie früher. Ich spürte, daß es David mehr und mehr zu einem vollzeitlichen Dienst unter den Straßenbanden New Yorks zog. Die Mitglieder unserer Gemeinde in Philipsburg waren unglaublich verständnisvoll, trotzdem war mittlerweile wohl allen klargeworden, daß David nicht gleichzeitig in der Gemeinde *und* 560 Kilometer entfernt Dienst tun konnte. Seine Ankündigung kam deshalb, wenn auch plötzlich, so doch nicht unerwartet.

»Gwen, Liebling«, begann er, »wir werden Philipsburg verlassen müssen. Ich bin zu der Überzeugung gelangt, daß Gott mich vollzeitlich in New York haben möchte. Wir werden die Gemeinde abgeben und wieder ganz neu im Glauben beginnen müssen. Ich habe keine Ahnung, wohin Gott uns führen will, aber wir müssen ihm auf jeden Fall folgen.«

Der Herr hatte mich innerlich auf diesen Augenblick vorbereitet. Ich wußte, daß er uns in eine neue Arbeit berufen wollte. Zu meines Mannes unendlicher Erleichterung erwiderte ich ruhig: »Ich weiß, David. Auch ich habe Gottes Ruf vernommen und bereits ja dazu gesagt.«

Die Zelte abbrechen

KAPITEL 5

Den Gedanken, von Philipsburg wegzuziehen, zu akzeptieren, war sehr viel einfacher, als dies auch in die Tat umzusetzen. Für David bedeutete die Tatsache, seinen Pastorendienst abzugeben, daß er die Herde, die er fünf Jahre lang in großer Liebe geweidet hatte, verlassen mußte. Für mich bedeutete es, mich von meinen engsten Freunden zu trennen, aus dem kleinen Pastorenhaus, das wir gebaut und zu einem Heim gemacht hatten, auszuziehen und die wunderbare Sicherheit, zu wissen, was von mir erwartet wurde, aufzugeben. Die Arbeit, zu der David berufen war, hörte sich zwar sehr reizvoll und spannend an – aber ich konnte mich der Frage nicht erwehren, wo ich wohl darin meinen Platz finden würde. Was würde die Zukunft für die Kinder und mich bereithalten?

In dem einen Jahr, das zwischen dem Farmer-Prozeß und Davids offiziellem Ausscheiden aus dem Gemeindedienst lag, hatte ich einige der ungewöhnlichen Leute, die jetzt Teil von Davids Leben waren, kennengelernt. Hin und wieder brachte er eine Auswahl an jungen Männern – unter ihnen Nicky Cruz und Sonny Arguinzoni – mit nach Philipsburg, um uns zu besuchen und mit David zusammen an Veranstaltungen teilzunehmen. Bevor er sie in unser Haus brachte, achtete mein Mann stets darauf, mich über ihre Vergangenheit aufzuklären, damit ich das Wunder ihres neuen Lebens in Christus auch gebührend zu schätzen wußte. Manchmal trugen seine anschaulichen Schilderungen allerdings mehr dazu bei, mir Angst einzujagen, als mir Vertrauen einzuflößen.

Nicky zieht mich heute noch mit dem auf, was einmal passierte, als er bei uns zu Gast war. David hatte eine seelsorgerliche Verpflichtung, die ihn den ganzen Abend außer Haus sein ließ, wodurch Nicky mit den Kindern und mir allein blieb. Ich dachte, man würde mir meine Nervosität nicht anmerken, doch als ich mich früh an jenem Abend zurückzog, achtete ich darauf, die Schlafzimmertür sorgfältig zu verriegeln. Für einen Jungen wie Nicky war das Geräusch des Riegels, der ins Schloß glitt, ein unverkennbares Zeichen des Mißtrauens. Zum Glück hatte er jene Phase seiner Rehabilitation, in der er am empfindlichsten und nur auf Abwehr eingestellt gewesen war, bereits hinter sich. Inzwischen war er als Christ reif genug, um geduldig abzuwarten, bis ich Vertrauen zu ihm gefaßt hatte, weil ich das Werk Jesu in seinem Leben persönlich beobachten konnte. Es dauerte gar nicht lange, bis Nicky einer meiner vertrauten Freunde geworden war.

Solche Kontakte mit den Jungen, die David mit nach Hause brachte, verstärkten meine Dankbarkeit für die wunderbare Art und Weise, in der Gott ihn gebrauchte, enorm. Sie überzeugten mich jedoch auch davon, daß ich noch eine Menge zu lernen hatte.

Allerdings muß der Herr wohl gewußt haben, daß ich noch nicht für diese »höhere Schulbildung« bereit war.

Nachdem Davids Ausscheiden aus dem Gemeindedienst amtlich war, mußten wir notgedrungen ein paar rasche Entscheidungen in bezug auf die nächsten Schritte treffen. Als wir endlich die Zeit fanden, uns zusammenzusetzen und über die unmittelbare Zukunft zu sprechen, stellte ich fest, daß David sich bereits viele Gedanken über unsere Situation gemacht hatte.

»Eins ist sicher«, begann er. »Du und die Kinder, ihr könnt nicht auf einem Feldbett im Büro schlafen, so wie ich es tue, wenn ich über Nacht in der Stadt bin - und ich befürchte, wir können uns im Moment noch keine eigene Wohnung dort leisten.« Nachdem er diese Bemerkung wie beiläufig hatte fallen lassen, wartete David beinahe ängstlich auf meine Reaktion.

Mir war klar, daß wir nicht in seinem Büro, das am Victory Boulevard auf Staten Island lag, wohnen konnten. Es war schon fast zu klein für die Arbeit, die dort getan wurde, und konnte gewiß keine fünfköpfige Familie beherbergen. Trotzdem hatte ich im stillen gehofft, daß wir uns eine eigene kleine Wohnung in New York würden leisten können.

»Nun, auf jeden Fall müssen wir uns vor September irgendwo häuslich niederlassen«, war alles, was mir im Moment einfiel. »Du hast doch nicht vergessen, daß Debbie diesen Herbst in die Schule kommt, oder?«

»Nein, das habe ich nicht vergessen, und ich möchte nicht, daß sie in ihrem ersten Schuljahr nochmals umziehen muß. Machen wir uns nichts vor, Gwen: Die Kinder brauchen alle eine beständigere Umgebung, als ich sie ihnen momentan in New York bieten kann. Wo Gary noch so klein ist und die Mädchen dringend Platz zum Spielen brauchen –«

Davids Stimme verlor sich, und seine nächsten Worte waren eine zögernde Frage. »Meinst du, es würde deinen Eltern etwas ausmachen, wenn du mit den Kindern nur für dieses erste Schuljahr bei ihnen wohnst, bis wir uns eine anständige Wohnung in New York leisten können?«

Ich hatte befürchtet, daß David diesen Vorschlag machen würde. Wieder zu meinen Eltern zu ziehen, war offensichtlich das Vernünftigste, was wir in unserer Situation tun konnten, aber für mich war der Gedanke alles andere als verlockend. Mama und Papa würden selbstverständlich bereit sein, uns aufzunehmen, das wußte ich, und Platz hatten sie genug. Sie wohnten inzwischen in dem Haus meiner Großmutter Carosso, das vier Stockwerke hatte. Es war groß genug, daß wir fünf im Erdgeschoß wohnen konnten, total getrennt von der Wohnung meiner Eltern im ersten Stock. Ein separater Eingang und eine eigene Küche würden uns ein eigenständiges Leben ermöglichen.

Trotzdem konnte ich den Gedanken kaum ertragen, auf Mama und Papa angewiesen zu sein, nachdem wir sieben Jahre verheiratet waren und drei Kinder hatten. Ich erinnerte mich gut an die Warnungen meines Vaters, ja keinen Pastor ohne vorhersagbares Einkommen zu heiraten. Deshalb fiel es mir schwer, den Gedanken zu akzeptieren, ein ganzes Jahr als nichtzahlender Gast unter seinem Dach verbringen zu sollen. Mehrere Tage ernsten Gebets und die stille Ermutigung meines Mannes waren nötig, um mich zu überzeugen, daß ich ein Ja zu dieser erniedrigenden Regelung finden und meine Eltern um die Erlaubnis bitten solle, nach Hause zurückzukehren. Postwendend kam ein Brief von ihnen, in dem sie unsere Pläne guthießen und ihre Bereitwilligkeit, uns zu helfen, zum Ausdruck brachten.

Noch ehe der Sommer vorbei war, verabschiedeten wir uns unter vielen Tränen von der Gemeinde in Philipsburg. David brachte die Kinder und mich nach Pittsburgh, um anschließend ostwärts nach New York zu fahren.

Ich werde meinen Eltern immer dankbar dafür sein, daß sie uns in dem einen Jahr in Forest Hills mit solch großer Liebe entgegenkamen. Mama erwies sich als eine Mutter, die sich nie einmischte und immer genau wußte, wann sie ihre Hilfe anbieten und wann sie sich zurückhalten sollte. Sie machte es mir leicht, ihre und Papas Hilfe mit echter Dankbarkeit anzunehmen. Papa war im Lauf der Jahre, seit das erste Enkelkind angekommen war, erstaunlich umgänglich geworden. Es bereitete ihm so viel Freude, Debbie, Bonnie und Gary in seiner Nähe zu haben, daß er nie irgendwelche Anspielungen auf unsere finanziellen Verhältnisse machte oder Bemerkungen fallen ließ wie: »Hab' ich dir das nicht gesagt?«

Ich war dankbar für sein Taktgefühl und stellte angenehm überrascht fest, wie froh ich war, wieder in der Nähe meiner Familie und alten Freunde zu sein. Ich verstand die Leute, die in dieser Gegend wohnten, und fühlte mich mit ihrem Lebensstil vertraut. Auch wenn ich Philipsburg vermißte, so hätte ich es vermutlich noch wesentlich stärker vermißt, wenn wir sofort nach New York gezogen wären. Die Umstellung auf eine gänzlich neue Lebensweise lag noch in der Zukunft. Im Moment fiel es mir schwer genug, die tiefen Wurzeln, die mich mit Philipsburg verbanden, auszureißen.

Das Schwerste war natürlich die Trennung von David. Obwohl er im letzten Jahr seines Pastorendienstes sehr oft nach New York gereist war und ich manchmal wirklich ungehalten über sein unangebrachtes Fortsein gewesen war, so war Philipsburg doch zumindest sein anerkanntes Zuhause gewesen. Doch jetzt befand sich seine Operationsbasis eindeutig in New York. Er wurde zwar überall im Land als Redner eingeladen, aber das Werk selbst war in den Ghettos der Stadt verwurzelt. Dort nahmen seine Träume und Visionen Gestalt an, und dort war sein Lebensmittelpunkt. Forest Hills war nur ein Ort, den er besuchte.

David gab sich große Mühe, wenigstens einen Teil der Wochenenden mit uns zusammen zu sein. Gewöhnlich kam er am späten Samstagabend heim. Nur selten schaffte er es, das ganze Wochenende zu bleiben, und oft schaffte er es überhaupt nicht. Doch auch wenn sie kurz waren, so waren diese gemeinsamen Wochenenden stets Zeiten großer Freude und großartiger Gemeinschaft für uns alle. Oft war David, wenn er heimkam, müde von der Reise oder von den langen Nachtstunden, die er im Dienst auf den Straßen New Yorks zugebracht hatte, aber er ließ sich trotz seiner Müdigkeit nie davon abhalten, die Stunden mit seiner Familie in vollen Zügen auszukosten. Wir besuchten gemeinsam den Gottesdienst, unternahmen bei schönem Wetter ausgedehnte Spaziergänge - manchmal verbunden mit einem Picknick im Freien -, hielten zusammen unsere Familienandacht und genossen den Luxus ausgiebiger Gespräche.

Wenn David dann am Montag morgen zurück in die Stadt fuhr, brauchte ich immer einen ganzen Tag, um mich an seine Abwesenheit zu gewöhnen. So sehr ich ihn als Ehemann vermißte, so vermißte ich ihn am meisten als Vater unserer Kinder. David ging praktisch ein ganzes Jahr im Leben seiner Kinder verloren - ein Jahr, das nie wiederkommen würde. Debbie mit ihren sechs Jahren war ein fröhliches, unbekümmertes Kind, das mir nie wirklich Schwierigkeiten machte. Mit ihren blonden Locken und großen braunen Augen sah sie ähnlich aus wie ich in dem Alter und verhielt sich auch so, und sie war leicht zu erziehen. In ihrem ersten Schuljahr entwickelte sie sich sehr schnell. Sie freute sich über jede neue Herausforderung und ließ mich an ihrer Begeisterung, Lesen und Rechnen zu lernen, teilnehmen. Wenn ich ihrem fröhlichen Geplauder zuhörte und sah, wie sie wuchs, wurde mir bewußt, daß David viel mehr entging, als er ahnte.

Mit Bonnie war das eine andere Geschichte. Sie war mit ihren viereinhalb Jahren lebhafter und spitzbübischer, als Debbie je gewesen war. Ihre wilden braunen Ringellocken und die blitzenden Augen verkündeten der Welt, daß sie Papas Tochter war, die seine grenzenlose Energie und Lebensfreude geerbt hatte. Sie mußte jede Regel und jede Vorschrift erst persönlich austesten, bevor sie eine Entscheidung traf, ob sie ihr gehorchen wollte oder nicht. Mit ihr umzugehen, erforderte mehr Geduld, Festigkeit und Weisheit, als ich besaß, und ich stellte mit leiser Wehmut fest, daß David in den paar Stunden, die er am Wochenende zu Hause war, oft mehr bei ihr ausrichtete als ich während der ganzen Woche. Diese Beobachtung ließ mich ihn noch mehr vermissen.

Aber es war Gary, der sich so schnell von einem liebenswerten Baby zu einem fröhlichen Kleinkind entwickelte, der die große Sehnsucht in mir auslöste, David könnte an den alltäglichen Freuden und Nöten, die Eltern nun mal erleben, teilhaben. Ich wußte, daß es meinem Mann schwerfiel, diese Monate zusammen mit seiner Familie zu verpassen, aber seine Gedanken waren so total mit seiner neuen Arbeit beschäftigt, daß er den Verlust nicht ganz so stark empfand wie ich.

An jedem Wochenende versuchte David, uns über die Geschehnisse in New York zu informieren. Das Werk breitete sich mit einer derartigen Geschwindigkeit aus, daß er Mühe hatte, mit den Entwicklungen Schritt zu halten.

Kurz nach den erfolgreichen Evangelisationsveranstaltungen in der St. Nick's Arena hatten sie einen Vorstand berufen und dem Werk den Namen Teen-Age Evangelism gegeben. Unter Davids Leitung hatte eine kleine Gruppe von begeisterten Pastoren und Gemeindegliedern, denen es nicht an Träumen und Hoffnungen, wohl aber an den notwendigen finanziellen Mitteln fehlte, eine Reihe von Fernsehprogrammen entwickelt und haufenweise evangelistische Schriften an Schüler in den höheren Schulen verteilt. Da diese Methoden nur begrenzt Erfolg einbrachten, kamen sie gezwungenermaßen zu dem Schluß, daß der Dienst auf der Straße, die Begegnungen unter vier Augen, über die David zu Anfang gestolpert war, sowie evangelistische Versammlungen wie die, welche er in der St. Nick's Arena abgehalten hatte, die effektivsten Methoden waren, um unter den jungen Leuten in den Ghettos zu evangelisieren. Im Moment versuchten sie, Unterstützung für ein Haus zu sammeln, in das man die Neubekehrten zur Rehabilitation bringen konnte. Niemals war David begeisterter gewesen als jetzt, da er über seine Ideen für dieses Haus sprach.

»Wir haben ein Haus in Brooklyn im Auge«, erzählte er uns an einem Sonntag, »und zwar auf der Clinton Avenue. Junge, Junge, wie dringend wir das brauchen! Unsere Evangelisationsversammlungen ziehen die Jugendlichen an, und der Geist Gottes wirkt Wunder unter ihnen. Ich habe nie irgend etwas gesehen wie die Kraft Jesu, wenn er seine Hand ausstreckt, um diese Jungs zu berühren. Aber viele von ihnen werden mutlos, wenn sie versuchen, ihren neuen Glauben in die Praxis umzusetzen. Bei sich zu Hause schaffen sie es einfach nicht; ihre ganze Umgebung arbeitet gegen sie. Wenn wir die Mittel für dieses Haus zusammenbekommen, Gwen, können wir ihnen eine stabile christliche Umgebung bieten und damit die Möglichkeit, wirklich im Glauben an Jesus zu wachsen.«

Während er seine Vision mit mir teilte, ließ ich mich mehr und mehr von seiner Begeisterung anstecken. Mein persönliches Gebetsleben erhielt eine neue Richtung und einen tieferen Sinn, indem ich die Bemühungen dieser kleinen Gruppe von Christen unterstützte mit ihren gewaltigen Plänen, die Liebe Jesu jungen Menschen zu bringen, die noch nie in ihrem Leben echte Liebe erfahren hatten.

Davids Optimismus im Hinblick auf die Zukunft war in der Tat ansteckend. »Wir haben schon so viele Wunder erlebt!« rief er beispielsweise aus. »Der Herr hat uns solch wunderbare Leute geschickt, um uns zu helfen - Stanley Berg, Paul Dilena und Vincente Ortez. Und es ist unglaublich, wie das Geld oft gerade im richtigen Moment eintrifft. Jedesmal, wenn wir meinen, jetzt ist alles aus und es gibt einfach keine Möglichkeit, das zu tun, was der Herr von uns erwartet, öffnet sich irgendwo eine Tür, und wir können weitermachen. Ich *weiß* ganz einfach, daß der Herr uns genau zur richtigen Zeit das Haus für die Jungs schenken wird. Wart's ab, Gwen! Dies ist erst der Anfang, es wird noch viel mehr kommen.«

Ich glaubte ihm. Für mich gab es keinen Zweifel daran, daß der Heilige Geist selber dieses ganze phantastische Werk eingefädelt hatte. David und die anderen, die die Arbeit trugen, waren zwar brauchbare Werkzeuge in Gottes Hand, aber das Projekt als solches ging eindeutig über jedes menschliche Begriffsvermögen und jede menschliche Manipulation hinaus. Ich beobachtete das alles mit zunehmender Verwunderung aus der Ferne.

Aus der Verwunderung wurde ungläubiges Staunen, als David eines Tages nach Hause kam und verkündete, daß ein Buch über die Arbeit geschrieben werden solle.

»Ein Buch!« stotterte ich. »Ist das nicht zu früh? Ich meine, du hast doch gerade erst begonnen, die Sache in Schwung zu bringen.«

Ich war wirklich betroffen bei dem Gedanken, diese neue Arbeit, die noch so schwer zu kämpfen hatte, könnte voreilig einer Öffentlichkeit präsentiert werden, die noch gar nicht aufnahmefähig dafür war. Sie zum Thema eines Buches zu machen, schien mir ein bißchen großspurig zu sein, und das sagte ich David auch.

»Nein, Liebling«, entgegnete er. »Ich glaube nicht, daß es zu früh ist, damit zu *beginnen*, Gottes Plan mit anderen zu teilen. Genau das gleiche tue ich ja auch, wenn ich durchs Land reise und Versammlungen halte; ich erzähle den Leuten, wozu Gott uns berufen hat. Überleg' mal, wieviel *mehr* Menschen durch ein Buch erreicht werden können. John und Elizabeth Sherrill sind es, mit denen wir bei diesem Projekt zusammenarbeiten werden. John ist bei der *Guideposts* beschäftigt, mußt du wissen. Ich habe den Eindruck, daß der Herr dieses Buch wirklich gebrauchen kann. Wer weiß, was es alles zu berichten gibt, bis es fertig ist!«

Meine eigenen Zweifel fingen angesichts von Davids Begeisterung an, sich zu verringern, und sie verschwanden völlig, nachdem John und Tib Sherrill in unser Leben hereingekommen waren. Interviews, ellenlange Telefongespräche und ihre spontanen Besuche, um Informationen auf Tonband aufzunehmen, gehörten bald mit zu unserem Alltag. Dies alles bedeutete ein derartiges Abweichen von unserem normalen, ruhigen Dasein, daß ich mehr und mehr zu der Überzeugung gelangte, nur Gott könne für das, was hier geschah, verantwortlich sein. Oft ertappte ich mich dabei, daß ich ihn fragte, wo das bloß alles enden solle.

Diese ganze Geschäftigkeit, die Erwartung und Begeisterung ließen die Monate der Trennung viel kürzer erscheinen, als ich mir vorgestellt hatte. Bald verlor der Winter etwas von seinem Toben, es wehte ein wärmeres Lüftchen und neckte uns mit dem

Gedanken an einen baldigen Frühling. Am Ende eines ungewöhnlich milden Donnerstags stand David plötzlich unerwartet vor der Tür, um uns mit einer Einladung zu überraschen.

»Was haltet ihr davon, wenn wir morgen nach New York fahren?« fragte er. »Paul und Sonia Dilena haben immer wieder darum gebeten, dich und die Kinder kennenlernen zu dürfen, und sie haben mir schließlich *befohlen*, euch abzuholen und morgen abend zum Essen in ihr Haus zu bringen. Meinst du, wir könnten Debbie für einen Tag aus der Schule nehmen?«

Nichts hätte mich davon abhalten können, einer derartigen Einladung Folge zu leisten. Ich hatte so viel davon gehört, was für großartige Freunde Paul und Sonia für David waren, daß ich darauf brannte, sie persönlich kennenzulernen. Außerdem, so dachte ich, war es höchste Zeit für mich, endlich einmal die Stadt zu sehen, die unserer Familie zur Heimat werden sollte. Die Kinder teilten meine Begeisterung völlig, und wir hatten keine Mühe, sie am nächsten Morgen früh aus dem Bett zu bekommen und für die lange Autofahrt nach New York fertig zu machen.

Das Haus der Dilenas befand sich in einem Teil von Long Island mit Namen Sunnyside. Als wir vor ihrem Anwesen hielten, wußte ich, daß wir nicht in der Gegend von New York waren, wo David seine Arbeit hatte. Die Nachbarschaft war ruhig und elegant, und das Haus der Dilenas kam mir vor wie ein Palast. Ich gab mir große Mühe, mir mein ehrfürchtiges Staunen über die geschmackvollen Möbel und die exquisite Ausstattung nicht allzusehr anmerken zu lassen. Es war ein Trost festzustellen, daß Paul und Sonia persönlich absolut vernünftige Leute waren, die mit beiden Beinen auf der Erde standen. Ihr herzlicher Empfang nahm mir schnell die Befangenheit.

Paul, ein Polizeihauptmann bei der New Yorker Polizeibehörde, wußte über die Probleme von Teenagern in der Großstadt genau so gut Bescheid wie irgend jemand sonst in New York. David fühlte sich sehr zu ihm hingezogen, weil er zum einen die überwältigenden Dimensionen dieser Probleme mit großer Ehrlichkeit zugab, zum anderen aber einen großen Glauben an die Fähigkeit des Herrn, mit dem Unmöglichen fertig zu werden, besaß. Sonia sagte, genau wie Paul, ganz offen, was sie dachte, und schilderte mir sehr ausführlich, mit was sich unsere Männer bei ihrer Arbeit mit den Straßenbanden auseinandersetzen mußten.

»Es gibt dort draußen auf den Straßen Prostituierte und Rauschgifthändlerinnen und jede nur denkbare Sorte von abgestumpften Weibsbildern«, erzählte sie mir unverblümt, »und das Beste, was du für David tun kannst, ist, ihn mit Liebe zu erdrükken, wenn immer es möglich ist. Das ist das beste Gegenmittel auf der Welt gegen die Versuchungen, denen er ununterbrochen ausgesetzt ist.«

Daß David tatsächlich für die Verlockungen einiger jener Mädchen, die er für den Herrn zu gewinnen versuchte, empfänglich sein könnte, war für mich unvorstellbar, aber Sonias deutliche Warnung diente dazu, mich aus meiner Selbstzufriedenheit aufzurütteln. Ich habe ihren Rat nie vergessen.

Nach einem köstlichen Essen, gewürzt mit angeregter Unterhaltung, schob Paul seinen Stuhl zurück und sagte zu David: »Was hältst du von dem Gedanken, Gwen das Haus auf der Clinton Avenue zu zeigen, ehe ihr euch auf den Heimweg macht?«

David schaute mich fragend an und erwiderte: »Das hängt von Gwen ab. Willst du die *richtige* Stadt sehen, Liebling?«

Wollte ich das? Meine eigentliche Sorge galt den Kindern, die müde von der langen Fahrt waren. Rasch löste Sonia dieses Problem. »Ich bleibe hier bei den Kindern«, bot sie sich an. »Es ist wirklich besser, wenn ihr sie bei diesem ersten Mal nicht dabei habt.«

Wenige Minuten später verließen wir die Wärme und Geborgenheit des Dilena'schen Hauses und stiegen die Betontreppe zu einem gähnenden schwarzen Loch im Bürgersteig hinunter, um eine U-Bahn nach Brooklyn zu besteigen. Der unterirdische Gang war ein Wirrwarr von blinkenden Lichtern, mit Graffiti beschmierten Wänden und dem Gedröhn vorbeifahrender U-Bahn-Züge. Ich klammerte mich fest an David und Paul, als wir in einen Wagen einstiegen und in dem scheinbar endlosen grauen Tunnel Richtung Brooklyn davonbrausten.

Als wir endlich wieder an der Oberfläche auftauchten, hatte meine Abenteuerlust beträchtlich nachgelassen. Die hohen Gebäude, die dicht gedrängt nebeneinander standen, schienen alle bröckelige Eingangsstufen und kaputte Fenster zu haben. Trotz der Tatsache, daß es jetzt am Abend recht kühl geworden war, befanden sich immer noch massenweise Leute auf der Straße – unter ihnen Kinder, die nicht größer waren als Bonnie. Alles schien grau vor Schmutz, voll mit Straßenlärm und üblen Gerüchen verschiedenster Art zu sein.

Das Gebäude auf der Clinton Avenue, das wir uns anschauen wollten – das Haus also, das David und der Vorstand von Teen-Age Evangelism so liebend gern gekauft hätten –, sah für mich kaum vielversprechender aus als alle anderen rundherum. Es fiel mir schwer, meine Enttäuschung zu verbergen.

Wie schafft David das bloß? schrie ich innerlich. *Lieber Herr Jesus, wie ist es möglich, daß irgend jemand sich auf diese Straßen verirren und diesen Leuten etwas von deiner Liebe erzählen kann? Wie werde ich es ertragen, in solch einer Umgebung zu leben?*

Ich hatte auf der Rückfahrt nach Long Island nicht viel zu sagen, obwohl ich spürte, daß Paul und David gespannt auf meine Reaktion warteten. Nachdem wir die Kinder bei Dilenas abgeholt und uns für die Gastfreundschaft bedankt hatten, fuhren David und ich nach Staten Island, um bei Freunden zu übernachten. Während wir durch die Stadt fuhren – die Kinder schliefen fest auf der Rückbank –, stellte ich David die gleiche Frage, die ich dem Herrn gestellt hatte: »Wie kann ich jemals lernen, in einer solch schrecklichen Umgebung zu leben? Wie können wir uns hier zu Hause fühlen und unsere Kinder aufziehen?«

David war innerlich bereits auf meine Zweifel vorbereitet. Er nahm meine Hand, drückte sie beruhigend und erwiderte: »Erstens werden wir nicht auf der Clinton Avenue wohnen, Gwen. Ich verspreche dir, uns eine Wohnung in einer anständigen Gegend zu besorgen, bevor ich dich und die Kinder nach New York hole. Zweitens weißt du die Antwort auf deine Frage genausogut wie ich. Du hast es ja selbst schon sehr oft gesagt. Kein anderer als Jesus würde auch nur versuchen, mit solchen Leuten, wie du sie heute abend gesehen hast, in Kontakt zu treten. Er ist es, der mir den Mut dazu gibt, und das gleiche kann er auch für dich tun. Laß ihn einfach die Dinge regeln. Nur der Herr kann uns die Kraft geben, mit diesen Problemen fertig zu werden.«

Die Erkenntnis, daß ich Davids mutige Theorie sehr bald würde auf die Probe stellen müssen, ließ mir die verbleibenden paar Monate in Pittsburgh wie eine willkommene Gnadenfrist erscheinen. Als David dann im Hochsommer verkündete, er habe für uns eine Wohnung auf dem Victory Boulevard gemietet, rief dies in mir sehr gemischte Gefühle hervor. Einerseits war ich dankbar, daß das Jahr der Trennung zu Ende ging, andererseits war mir aber auch sehr bewußt, daß mein Glaube bald echt auf die Probe gestellt werden würde. Als ich von neuem unsere Habseligkeiten einpackte, betete ich ernstlich, Jesus möge mir in der kommenden Zeit seine Hilfe und Kraft in besonderem Maß zuteil werden lassen. Ich war sicher, daß David recht hatte: Nur Gott konnte es gelingen, mich so zu verändern, daß ich mich in der Großstadt wohl fühlen würde.

Großstadtleben

KAPITEL 5

Ich schaute mich im Zimmer um, wo alles durcheinander lag und stand, und hätte am liebsten geheult. Dieses Chaos war also unser neues Zuhause: Vier Zimmer im ersten Stock eines älteren Mietshauses auf Staten Island. Die Umzugskartons und Möbelstücke, die da kreuz und quer durcheinander standen, ließen die Wohnung erschreckend klein und unordentlich aussehen. Daraus ein wohnliches Heim zu machen, schien eine kaum zu bewältigende Aufgabe zu sein.

Eine nackte, ausgebrannte Glühbirne hing mitten im Wohnzimmer an einem Kabel von der Decke und sah genauso verlassen und nutzlos aus, wie ich mich fühlte. Am Tag zuvor, als David und ich die Möbel und Umzugskisten in die vier leeren Räume stellten, hatte unsere neue Wohnung nicht ganz so trist ausgesehen. Heute morgen jedoch war David wieder zu einer Predigtreise aufgebrochen. Er hatte vorher nicht einmal Zeit gehabt, ins Geschäft zu gehen und eine Glühbirne zu kaufen als Ersatz für die, welche jetzt der Gegenstand meines Ärgers war.

Ich wußte nicht mehr, wohin David diesmal gefahren war. Aber ich konnte mich gut an seinen reuigen Gesichtsausdruck erinnern, als er mit dem Koffer in der Hand an der Tür stand und wartete. Nachdem die Mädchen ihre gewohnte große Abschiedszeremonie veranstaltet hatten, mit klebrigen Küssen und leidenschaftlichen Umarmungen, nahm er Gary auf den Arm und wandte sich dann mir zu.

»Gwen, was soll ich sagen? Ich komme mir vor wie ein Schuft, dich in diesem ganzen Durcheinander allein zu lassen - aber ich kann wirklich nichts daran ändern. Die Reise läßt sich nun einmal nicht verschieben. Am Wochenende bin ich auf jeden Fall wieder zu Hause. Versprich mir, daß du nicht versuchen wirst, alles allein zu machen, ohne meine Hilfe, ja?«

Mein Mann sah so niedergeschlagen aus, daß ich mich gewaltsam zusammenriß und ihm beruhigend zulächelte, ehe er ging.

»Das geht schon in Ordnung, Dave. Wirklich. Wir kommen bestimmt zurecht. Im Moment ist zwar noch alles total durcheinander. Aber selbst wenn du hier wärst, bezweifle ich, daß du deine Zeit damit verbringen würdest, Schränke sauberzumachen, Türen abzuwaschen und Fenster zu putzen. Fahr du ruhig zu deiner Evangelisation und laß dich vom Herrn gebrauchen. Es wird noch genug für dich zu tun geben, wenn du zurückkommst.«

Davids erleichtertes Lächeln und sein »Danke, Liebling, du bist spitze!« waren in dem Moment Belohnung genug für die Mühe, die ich mir gegeben hatte, meine Bestürzung zu verbergen. Doch nun, als ich begann, die Kisten mit Geschirr in Angriff zu nehmen, die in der Küche aufgestapelt waren, fiel es mir schwer, die Haltung fröhlicher Fachkompetenz, die ich um meines Mannes willen zur Schau gestellt hatte, wiederzugewinnen.

Während ich Geschirr abwusch und nach Möglichkeiten suchte, die Kinder zu beschäftigen, bat ich Jesus um seine Hilfe, um gegen die Gefühle, die mich zu überwältigen drohten, anzukämpfen. Zuerst war mein Gebet eine Aufzählung von Klagen: »Herr Jesus, warum muß David *immer* gerade dann fort sein, wenn ich ihn am dringendsten brauche? Es macht mir nichts aus zu arbeiten, Herr - aber mit dieser Wohnung läßt sich wirklich nichts anfangen. Wie soll ich mich je daran gewöhnen, hier zu leben? Wo sollen die Kinder spielen? Und wo soll ich bloß den Mut hernehmen, hinaus auf die Straße zu gehen? Hilf mir, Jesus! Ich fürchte mich zu Tode!«

Jesus ließ mich zunächst ausreden, um mich anschließend behutsam zur Buße aufzurufen. Bald hatte er mich soweit, daß ich ihm bekennen konnte, erneut den altbekannten Sünden Zorn und Eifersucht gestattet zu haben, in meinem Leben Wurzeln zu schlagen. Ich ärgerte mich darüber, daß David im Rampenlicht stand und vor Scharen von Zuhörern predigte, die ihn bewunderten, während ich an die chaotische, heruntergekommene Wohnung gefesselt war und mich mit drei kleinen Kindern herumplagen mußte, die mir keine Ruhe ließen und nicht wußten, was sie mit sich anfangen sollten. Anstatt dankbar zu sein, daß wir als Familie wieder zusammensein konnten, ließ ich meine Gedanken von Selbstmitleid, Ärger und Furcht beherrschen. Die Gewichtung hatte sich dermaßen verschoben, daß ich bereits eine ausgebrannte alte Glühbirne als meinen Feind betrachtete, weil sie sich weigerte, mir zu leuchten.

»Es tut mir leid, Jesus«, schluchzte ich schließlich, während meine Tränen ins Abwaschwasser tropften. »Ich weiß, daß das eigentliche Problem in mir selber liegt. Bitte, reiß es alles mit der Wurzel heraus - den Groll, den Ärger und die kleinliche Eifersucht! Fülle mich neu mit deinem Geist der Liebe und gib mir deinen Frieden und deine Freude. O Herr, hilf mir, damit ich auch an diesem Ort für dich leben kann!«

Jesus hörte dieses Bekenntnis, nahm meine Buße an und erhörte meinen Hilfeschrei. Während ich noch dort am Spülbecken stand, strömte plötzlich in meine Seele die Gewißheit, daß ich wirklich an dem Platz war, wo Gott mich haben wollte, und daß er mich durch die Kraft seines Geistes aufrechterhalten würde. Zugleich mit dieser Gewißheit kamen neue Kraft und Geduld mit den Kindern geflossen. Bis zum Nachmittag hatten Jesus und ich gemeinsam ein kleines Wunder vollbracht, indem wir die Wohnung einigermaßen in Ordnung gebracht hatten.

Dann mußte ich erneut zum Herrn rufen, daß er mir den Mut geben möge, mich auf die Straße zu wagen, um irgendwo einen Laden zu finden, in dem ich eine Glühbirne und andere notwendige Dinge kaufen konnte. Unsere Nachbarn direkt über uns, die auch gleichzeitig unsere Vermieterinnen waren, erklärten uns gern den Weg zum nächsten Lebensmittelgeschäft. Diese beiden wunderbaren Frauen, eine ältere Witwe und ihre unverheiratete Tochter, hatten durch ihren Pastor erfahren, daß David eine Wohnung für seine Familie suchte. Sie reagierten darauf, indem sie uns eine Wohnung im 1. Stock ihres Hauses anboten, und zwar zu einem Preis, der weit unter der ortsüblichen Miete lag. Ich war ihnen dankbar für die Freundlichkeit, die es uns ermöglichte, wieder als Familie zusammen zu sein, und froh darüber, vertrauenswürdige Ratgeber zu haben, die mir halfen, mich in der neuen Umgebung zurechtzufinden.

Mit der Adresse und Wegbeschreibung in der Hand machte ich mich mit Debbie, Bonnie und Gary zu Fuß auf den Weg in das drei Straßen weiter gelegene Lebensmittelgeschäft. Als ich mit Gary auf dem Arm und den beiden Mädchen an der Hand endlich zwei stark befahrene Straßenkreuzungen voll mit Autos, Bussen, Lastwagen und Taxis überquert hatte, war ich beinahe zu entnervt, um meine Einkäufe zu erledigen. Die Bürgersteige waren kaum weniger überfüllt als die Straßen. Instinktiv drängten wir uns enger aneinander, um uns nicht in der Menge dahinhastender Menschen zu verlieren.

Der Rückweg war durch die zusätzliche Last der Einkaufstüten noch gefährlicher als der erste Teil unserer Tour. Als wir endlich wieder in unserer Wohnung angekommen waren und die Tür vor dem Straßenlärm verschlossen hatten, kamen uns die vier Zimmer wie eine Zufluchtsstätte vor. Ich schickte ein Dankgebet zu Gott empor für seine Bewahrung auf der Straße und für die Geborgenheit, die diese vier Wände plötzlich auszustrahlen schienen. Dabei sagte ich Jesus ganz offen, daß es schon eines echten Wunders bedürfe, damit ich mich je mit auch nur annäherndem Selbstvertrauen auf die Straße wagen könne. Und wieder verspürte ich seine beruhigende Nähe - vielleicht mit einem Anflug von Belustigung darin.

Als David am Samstag nach Hause kam, war unsere Wohnung mehr als nur ein Ort, an dem es sich wohnen ließ. Sie war tatsächlich auf dem besten Weg, wie ein Zuhause auszusehen. David beteuerte, ich hätte in den vier Tagen seines Fortseins ein echtes Wunder vollbracht.

»Ich weiß nicht, wie du das geschafft hast, Liebling«, rief er aus, während er langsam von Zimmer zu Zimmer ging und die Früchte meiner Arbeit begutachtete. »Du hast diese Wohnung ja von Grund auf verändert!«

Während ich mich in der Wärme seiner Bewunderung sonnte, war ich froh, daß nur Jesus und ich wußten, daß die größte Veränderung - die absolut *notwendige* Veränderung - in mir persönlich und nicht in unserer Wohnung stattgefunden hatte.

Wenige Wochen später begann für Debbie und Bonnie die Schule. David war, wenn er nicht auf Reisen war, von früh bis spät entweder in Brooklyn oder in seinem Büro auf dem Victory Boulevard beschäftigt. So hatten Gary und ich vormittags Zeit, unsere Umgebung zu erkunden - und mit der Vertrautheit stellte sich auch das Selbstvertrauen ein, das ich mir nie hatte vorstellen können. Nach und nach machten mir unsere Entdeckungsreisen sogar Spaß. Immer gab es irgend etwas Neues zu sehen oder zu erleben. Zuerst war ich verunsichert, so vielen Menschen aus unterschiedlichen Rassen zu begegnen. Bald jedoch akzeptierte ich die reiche Vielfalt an Farben, ethnischer Herkunft und sogar Sprachen als erfrischende und nicht furchterregende Erfahrung. Für mich und die Kinder bot unsere unmittelbare Nachbarschaft eine fortwährende, sich ständig ausweitende Ausbildung in puncto »Menschsein«.

Die größte Hilfe bei der Eingewöhnung ins Großstadtleben kam jedoch von der Gemeinde, der wir uns wenige Wochen nach unserem Umzug anschlossen - der Gemeinde, die uns geholfen hatte, unsere jetzige Wohnung zu finden. Ich stellte fest, daß überzeugte Christen überall ziemlich gleich sind, egal ob in einer kleinen Landgemeinde oder in einer riesigen Großstadt. Die Mitglieder unserer neuen Gemeinde hießen uns mit der gleichen Herzlichkeit, Liebe und Hilfsbereitschaft willkommen, die wir in Philipsburg erlebt hatten. Leute boten uns Mitfahrgelegenheit, Babysitten und Hilfe beim Finden eines Arztes oder Zahnarztes an. Alles, was eine Gruppe von Menschen an Hilfestellung leisten konnte, wurde uns durch die Gemeinde gegeben, als wir anfingen, ihre Gottesdienste zu besuchen.

Schon bald waren die Kinder fröhlich in Sonntagsschul- und Jungscharaktivitäten involviert, und ich schloß mich wieder dem Chor an. Egal, ob David am Sonntag zu Hause war oder nicht, wir konnten als Familie an dieser herzlichen Gemeinschaft der Gläubigen teilhaben. Die Gemeinde begann für uns die gleiche zentrale Rolle zu spielen wie damals für meine Familie, als ich noch Kind war. Diese enge Gemeinschaft mit Menschen, die den Herrn Jesus genauso liebhatten wie wir, machte jede andere Anpassung einfacher.

Durch die Gemeinde lernte ich auch Bunny Olson kennen, eine hübsche, temperamentvolle, dunkelhaarige junge Frau, die Debbies Sonntagsschullehrerin war. Ich mochte sie sofort wegen ihrer Freundlichkeit und ihrem ausgeprägten Sinn für Humor. Als wir feststellten, daß wir beinahe Nachbarinnen waren (sie wohnte nur ungefähr einen Kilometer von uns entfernt) und beide Kinder im Vorschulalter hatten, wurden wir gute Freundinnen. Oft gingen wir mit unseren kleinen Lausbuben im Schlepptau einkaufen, aßen gemeinsam zu Mittag oder nahmen die Kinder mit zu Grillpartys, Wanderungen oder Ausflügen in den Zoo.

Eigentlich sollte jede Frau eine Freundin wie Bunny haben. Sie war von ansteckender Fröhlichkeit, half mir, Dinge in der Stadt zu entdecken, die Spaß machten, und sprach ganz unbefangen über ihr Glaubensleben. Ich danke Gott noch heute für seine Freundlichkeit, mir eine solch spezielle Freundin auf Staten Island zu geben.

Ein oder zweimal versuchte ich, David im Büro zu helfen, wenn eine größere Rundbriefaktion anstand. Doch bald stellte sich heraus, daß meine »Hilfe« eher eine Belastung als ein Gewinn war. Da Gary solch ein lebhafter kleiner Bursche war und Bonnie um 12 Uhr mittags aus dem Kindergarten kam, war mein Beitrag zur Arbeit meines Mannes durch meine familiären Verpflichtungen stark eingeschränkt.

Dafür begleitete ich David zu einigen Evangelisationsveranstaltungen, die er in einem ungenutzten Theater im Osten der Stadt abhielt, wenn ich einen Babysitter bekam oder die Kinder mitnehmen konnte. Bei solchen Gelegenheiten spielte ich die altersschwache Orgel, um den Gesang zu begleiten. Ich betrachtete es als ein Vorrecht, wenigstens hin und wieder mit eigenen Augen zu sehen, was Gott Großes an diesen jungen Leuten tat, aber ich wußte, daß meine oberste Priorität zu Hause lag.

Zuerst fiel es mir schwer, öffentlich zuzugeben, daß Davids Arbeit nicht auch die meine war. Ich wußte zwar, wo der Herr mich haben wollte, konnte aber manchmal mit den Erwartungen, die andere an mich stellten, nicht so gut umgehen. Mutter Wilkerson war nach dem Tod von Davids Vater nach New York gezogen und nahm sichtbar und aktiv an der Jugendarbeit teil. Leute, die mir zum erstenmal begegneten, stellten unweigerlich die Frage:

»Und was tun *Sie* in dieser Arbeit, Gwen?« Es war für mich ein echter Sieg, als ich endlich solche Fragen beantworten konnte, ohne mit einer langatmigen Entschuldigung loszulegen. Vielmehr lernte ich es, schlicht und einfach zu erwidern: »Meine Arbeit ist zu Hause bei den Kindern.«

Nicht einmal ein Jahr nach unserem Umzug wurde das Haus auf der Clinton Avenue zur Realität. Der Name Teen-Age Evangelism wurde in Teen Challenge geändert und das Haus auf der Clinton Avenue Teen Challenge Center genannt. Damit erhielt David eine zusätzliche Aufgabe, nämlich die vielen neuen Mitarbeiter, die kamen, um - meistens ohne Gehalt - im Zentrum zu arbeiten, auszubilden und zu beaufsichtigen. Durch die evangelistischen Versammlungen und das persönliche Zeugnis dieser hingegebenen jungen Christen wurden viele Jugendliche direkt auf der Straße auf wunderbare Weise von Gottes großer Liebe berührt. Genau wie David vorhergesagt hatte, kamen viele, die nicht wußten, wohin sie gehen sollten, ins Zentrum, um Seelsorge zu empfangen und im Glauben zu wachsen. Manche erkoren das Zentrum als ihr Zuhause, bis sie stark genug waren, um als Christen zu leben und mit den überwältigenden Problemen ihrer häuslichen Umgebung fertig zu werden.

Diesen verwirrten jungen Menschen zu helfen (die meisten waren alkohol- und drogensüchtig), erforderte ein enormes Maß an geistlicher Energie. David und seine Mitarbeiter mußten deshalb durch die ständigen Gebete derer, die ihre Sorge und ihr Wissen um die Liebe und Macht Gottes teilten, getragen werden. Die Kinder und ich wurden zu regelrechten Gebetskämpfern für David und das gesamte Teen-Challenge-Projekt. Als Gary noch ganz klein war und kaum sprechen konnte, schien er bereits ein bemerkenswertes Verständnis für die Arbeit seines Vaters zu besitzen. Er betete oft lange und intensiv, Jesus möge doch seinem Papa helfen und ihm die nötige Kraft geben. Wir ahnten bereits damals, daß wir es mit einem angehenden Pastor in der Familie zu tun hatten.

Davids persönlicher Einsatz für diese Arbeit war enorm. Ich habe nie begreifen können, wie er die Zeit und Kraft fand, an so vielen verschiedenen Stellen zu sein und so viele verschiedene Dinge zu tun. Er hatte nicht nur Versammlungen zu halten und dafür zu sorgen, daß das Zentrum lief, auf seinen Schultern lag auch die Last, das gesamte Werk zu finanzieren. Er reiste kreuz und quer durchs ganze Land und stellte die Bedürfnisse von Teen Challenge jeder Gruppe von Leuten vor, die ihn zum Predigen einlud. Aus vielen verschiedenen Quellen kamen Spenden und Liebesopfer hereingeströmt - immer genug, um der unmittelbaren Not zu begegnen, aber nie so viel, daß irgendein weiterer Schritt unternommen oder eine neue Richtung eingeschlagen werden konnte, für die bereits das Geld vorhanden war. Teen Challenge war und blieb ein Werk, das durch Gottes Kraft geboren war und aus dem Glauben lebte - immer einen Tag nach dem anderen. Ich versuchte, persönlich auch so zu leben.

Ich wußte, daß David in den kurzen Intervallen, die er zu Hause verbrachte, Ruhe und Entspannung brauchte, nicht aber einen ganzen Stapel neuer Probleme, die es zu lösen galt. Darum gewöhnte ich es mir an, ihm nur die guten Nachrichten aus unserer Familie weiterzugeben: was wir in unserer Freizeit unternommen hatten, was die Kinder Neues gelernt hatten sowie die Anzeichen geistlichen Wachstums, die ich in ihrem Leben bemerkt hatte. Davids Dankbarkeit für ein Zuhause, in dem Ordnung und Frieden herrschten, war so lohnend, daß ich beschloß, diese Verfahrensweise beizubehalten. Ich fühlte mich persönlich verantwortlich dafür, ihm alles Unangenehme vom Hals zu halten - wie z. B. die Schmerzen, die seit einiger Zeit immer wieder in meiner rechten Seite auftraten. Ich erwähnte David gegenüber dieses Problem kaum; und wenn ich es tat, dann mit dem Hinweis, der Arzt habe mir versichert, daß es sich wahrscheinlich nur um einen geschwollenen Eierstock handele - eine ganz normale Sache, die irgendwann von selbst wieder verschwinden werde. David hatte genug im Kopf, als daß er sich Sorgen über solche geringfügigen Beschwerden gemacht hätte.

Im dritten Jahr nach unserem Umzug nach Staten Island schenkte Gott uns durch ein Wunder, das ich bis heute nicht ganz verstehe, ein hübsches, kleines eigenes Haus. Es lag nur zwei Straßen von unserer Wohnung entfernt und war zwar nicht sehr groß, dafür aber neu und sehr zweckmäßig. Sein größtes Plus war ein kleiner Garten, in dem unsere Kinder gefahrlos mit ihren Freunden spielen konnten.

Mit einem gemütlichen Zuhause für unsere Familie und dem Realität gewordenen Teen-Challenge-Zentrum hatte ich das Gefühl, wir hätten es »geschafft«. Nach fast dreijähriger Vorbereitung war das Buch der Sherrills endlich erschienen und wurde in den Buchhandlungen im ganzen Land verkauft. Dort stand sie schwarz auf weiß gedruckt, die Geschichte von der Liebe Gottes, die durch einen Prediger vom Lande in die Ghettos von New York hineingetragen worden war. Und dieser Prediger vom Lande war mein Mann! Wir ahnten damals nicht, daß *Das Kreuz und die Messerhelden* zum Bestseller werden würde, aber wir betrachteten es als weiteren Beweis dafür, daß Gott für Teen Challenge an der Arbeit war.

Kurz nach Erscheinen des Buches wurde unmittelbar neben dem Zentrum auf der Clinton Avenue ein Bürogebäude fertiggestellt - ein weiteres Glaubensprojekt, das genau im richtigen Moment verwirklicht werden konnte. In Scharen kamen freiwillige Mitarbeiter in die Stadt, um im Zentrum mitzuhelfen, und Jesus fuhr fort, durch ihren Einsatz auf der Straße Teenager, die Probleme hatten, zu sich zu ziehen.

Mit einem Gesichtsausdruck, der entspannter und zufriedener wirkte als seit Jahren, kam David an einem Tag im Sommer 1963 nach Hause und verkündete, wir würden mit den Kindern einen seit langem überfälligen Urlaub in Forest Hills verbringen. Während ich fröhlich unsere Koffer für die Reise packte, mußte ich innerlich lachen, wenn ich daran dachte, wie sehr ich mich persönlich verändert hatte, seit ich diese Koffer vor gerade einmal drei Jahren in unserer schäbigen ersten New Yorker Wohnung ausgepackt hatte. Davids Einschätzung, die er nach meinem ersten Besuch in der Stadt ausgesprochen hatte, war getestet und für stichhaltig befunden worden: Nur Jesus hatte mich so schnell so weit bringen können. Nur er hatte meine Ängste vertreiben und mir die notwendige Zuversicht, Flexibilität und Kraft geben können, um für uns als Familie in der Großstadt ein Heim zu schaffen.

Tiefe Dankbarkeit stieg in mir auf und sprudelte über zu einem spontanen Lob- und Dankgebet. Das Leben wurde wirklich immer besser. Ich konnte es kaum erwarten zu sehen, was als nächstes passieren würde.

Wie hätte ich ahnen sollen, daß hinter der nächsten Wegbiegung eine weitere schwere Krise auf mich wartete - eine Krise, die mich persönlich so auf die Probe stellen würde, wie ich es mir im Traum nicht hätte vorstellen können.

Der Feuerofen

KAPITEL 7

Warum sind die Schmerzen bloß so viel schlimmer geworden? fragte ich mich. Zwar hatte ich schon manchmal solche Schmerzattacken erlebt, aber wenn ich mich dann eine Zeitlang hinlegen konnte, war es gewöhnlich besser geworden. Diesmal jedoch wollte der stechende Schmerz in meiner Seite einfach nicht nachlassen. Den ganzen Weg nach Pittsburgh mußte ich die Zähne zusammenbeißen, um nicht bei jedem Atemzug laut zu stöhnen. David machte eine Bemerkung darüber, daß ich so ungewöhnlich still sei, aber ich schrieb dies der Packerei zu, die mich müde gemacht habe. Als er mir vorschlug, ein Nickerchen zu machen, ging ich dankbar darauf ein und schloß gehorsam die Augen. Wenn ich so tat, als schliefe ich, brauchte ich mich wenigstens nicht mühsam zu unterhalten.

Wag es ja nicht, uns den Urlaub zu verderben, Gwen Wilkerson, schalt ich mich selbst ärgerlich. *David und die Kinder haben diese Zeit des Zusammenseins wirklich nötig, und Mama und Papa sollen sich nicht über dich Sorgen machen müssen, wenn sie mal ihre Enkel um sich haben*. Doch meine ermahnenden Worte beeindruckten die Schmerzen in keiner Weise, und ich konnte sie leider auch nicht auf unbegrenzte Zeit verbergen.

»Gwen, warum hast du denn nichts *gesagt?*« war Davids besorgte Frage, als er mich schließlich fand, wie ich zusammengekrümmt im Haus meiner Eltern auf dem Bett lag. »Ist es wieder die alte Sache mit dem Eierstock? Wie kann ich dir helfen?«

»Überhaupt nicht, Dave. Ich bin sicher, es geht bald vorüber. Das tut es immer.« Ich versuchte, ihn abzulenken. Doch weder mein Mann noch meine Mutter nahmen mir meine Beschwichtigungsversuche ab, solange ich mich ganz offensichtlich nicht wohl fühlte.

»David Wilkerson, du bringst das Mädchen sofort zum Arzt«, befahl Mama, nachdem sie zu dem Schluß gekommen war, daß sie sich an dieser Stelle zu Recht einmischte. »Irgend etwas kann nicht stimmen, wenn sie derart große Schmerzen hat.« Dankbar für Mamas Unterstützung, rief David den Hausarzt der Familie an, der ihn aufforderte, umgehend mit mir in seine Praxis zu kommen.

Die Miene des Arztes war ernst, als er seine Untersuchung beendet hatte. Nachdem ich mich wieder angezogen hatte, bat er David und mich, in sein Büro zu kommen, wo er uns den Grund für seine Besorgnis mitteilte. Er hatte auf der linken Seite meines Unterleibs eine größere Schwellung gefunden und glaubte nicht, daß es der Eierstock war. Weitere Untersuchungen waren nötig, um festzustellen, was es genau war – und zwar je eher, desto besser.

»Sie sollten sich unbedingt bei einem Spezialisten anmelden, wenn Sie wieder auf Staten Island sind«, riet er mir. »Und schieben Sie es bitte nicht auf die lange Bank. Es gefällt mir nicht, daß Sie so starke Beschwerden haben; und Schwellungen im Unterleib, die sich nicht erklären lassen, gefallen mir schon gar nicht.«

Da der Urlaub für uns alle sowieso praktisch verdorben war, beschlossen wir, gleich am nächsten Tag nach Hause zurückzufahren. Innerhalb von einer Woche meldete ich mich bei dem Spezialisten, der uns empfohlen worden war, und ließ eine weitere unangenehme Untersuchung über mich ergehen, zu der auch das Röntgen meines Unterleibs gehörte.

Als der Arzt ungefähr einen Tag später anrief und fragte, wie er David auf der Arbeit erreichen könne, war ich sicher, daß er eine schlechte Nachricht für uns hatte. Am gleichen Nachmittag saßen wir wieder im Büro des Spezialisten und hielten uns fest an den Händen, während der Arzt uns erklärte, die Röntgenbilder hätten den Verdacht auf ein Gewächs in meinem Unterleib bestätigt. Es sei *nicht* der Eierstock und müsse umgehend entfernt werden.

»Ich möchte Sie nicht unnötigerweise beunruhigen«, schloß er, »aber man findet nicht viele gutartige Gewächse in dieser Körpergegend; deshalb dürfen wir die Operation nicht hinausschieben. Wann können Sie ins Krankenhaus gehen? Morgen? Oder am Mittwoch?«

Ich konnte nicht glauben, daß alles *so* schnell gehen sollte. David sollte eigentlich ab Mittwoch schon wieder unterwegs sein. Es war eine wichtige Reise, und ich wollte nicht, daß er sie versäumte. Aber wer konnte bei den Kindern bleiben? Und wie konnte ich es ertragen, in den Operationssaal gefahren zu werden, ohne um die beruhigende Nähe meines Mannes zu wissen?

Das Wort »Kolostomie« durchbrach meine wirbelnden Gedanken und holte mich in die Gegenwart zurück. Ich war nicht sicher, was dieses Wort bedeutete, aber der Klang gefiel mir nicht. Als der Arzt fortfuhr zu erklären, daß eine Kolostomie eine permanente Darmöffnung nach außen am Unterleib ist, die wahrscheinlich in meinem Fall angelegt werden mußte, gefiel mir das noch weniger. Der Gedanke war so schrecklich, daß ich mich nicht überwinden konnte, irgendwelche weiteren Fragen zu stellen oder mit David darüber zu sprechen, als wir die Arztpraxis verließen.

Uns beiden war jedoch die Warnung des Arztes sehr bewußt, die Sache ja nicht aufzuschieben. Die Dringlichkeit, die in seinen Worten gelegen hatte, hatte uns beide tief erschüttert. Schließlich kamen wir überein, meine Eltern anzurufen und sie zu bitten, gleich am nächsten Tag zu uns zu kommen und bei den Kindern zu bleiben. Ich würde am Mittwoch ins Krankenhaus gehen und die weiteren Untersuchungen, die erforderlich waren, am Donnerstag vornehmen lassen. So konnte David seine Reise machen und noch vor der Operation am Freitag wieder zurück sein.

Ich war am nächsten Tag so damit beschäftigt, alles Notwendige zu regeln, den Kindern soviel wie möglich zu erklären und das Haus in Ordnung zu bringen, daß ich kaum Zeit hatte, über das, was auf mich zukam, nachzudenken. Es fiel mir schwer, mich davon zu überzeugen, daß dies wirklich *mir*, die ich immer so gesund gewesen war, passierte. Sicher, ich hatte in letzter Zeit wellenweise eine gewisse Müdigkeit verspürt und auch etwas an Gewicht verloren, aber keines dieser Symptome schien angesichts der Tatsache, daß bei uns immer etwas los war, überraschend zu sein. Und ich *fühlte* mich ja auch wohl - bis auf die besagten Schmerzen. Eine Frau von 32 Jahren bekommt keinen Krebs, sagte ich mir. Oder vielleicht doch?

David und ich gaben uns große Mühe, die Wörter »Krebs« und »Kolostomie« zu vermeiden, wenn wir miteinander sprachen und beteten, aber ich war mir seiner Besorgnis sehr wohl bewußt. Einige Male ertappte ich ihn dabei, wie er mich mit einem besorgten, schmerzerfüllten Gesichtsausdruck anstarrte, der meiner wachsenden Angst neue Nahrung gab. Dabei waren wir beide fest entschlossen, voreinander und vor unserer Familie eine tapfere Miene zur Schau zu stellen - ein Bemühen, das uns leider der Möglichkeit beraubte, offen und ehrlich mit den Ängsten, die in uns beiden emporstiegen, umzugehen.

Als David sich am Mittwoch morgen im Krankenhaus von mir verabschiedete, war ich unglaublich erschöpft von der Anstrengung, so zu tun, als sei ich nicht traurig über das, was mir bevorstand. Sobald ich allein war, fing ich an, unter Tränen zu Jesus zu schreien.

Er hörte mein Schreien und antwortete, indem er mich seiner Gegenwart und seiner Liebe versicherte. Während ich in den Pausen zwischen den verschiedenen Untersuchungen, die an meinem passiven, müden Körper vorgenommen wurden, in meiner Bibel las, fühlte ich mich besonders zu der alttestamentlichen Geschichte von den drei jüdischen Männern im babylonischen Exil hingezogen, deren Glaube in einem *buchstäblichen* Feuerofen erprobt worden war. Ich hatte den Eindruck, daß der Herr durch diese Geschichte aus dem Buch Daniel zu mir sprach. Er schien mir sagen zu wollen, daß so, wie Schadrach, Meschach und Abed-Nego unversehrt aus dem Feuer herausgekommen waren, auch ich durch die vor mir liegende Prüfung gehen würde, ohne einen bleibenden Schaden davonzutragen.

Plötzlich brauchte ich nicht mehr so zu tun, als ob ich tapfer wäre. Als David am Donnerstag abend von seiner Reise zurückkam, konnte ich ihn mit einem fröhlichen Optimismus begrüßen, der sich auf Gottes Wort stützte - nicht auf den Wunsch, meine wahren Gefühle zu verbergen. Als wir jetzt zusammen beteten, waren wir offen und ehrlich Gott und einander gegenüber. Während des Gebets bekam David das gleiche Gefühl der Zuversicht, das Jesus auch mir schon geschenkt hatte. Als ich am nächsten Morgen in den Operationssaal geschoben wurde, verabschiedeten wir uns in dem Vertrauen, daß ich in den liebenden Händen des großen Arztes geborgen war.

Dieses Vertrauen hatte mein Mann in den nächsten fünf Stunden auch bitter nötig, denn die Operation dauerte länger, als der Arzt erwartet hatte. Als ich schließlich in meinem Zimmer wieder aufwachte, sah Davids Gesicht blaß und abgehärmt aus, während er versuchte, mir beruhigend zuzureden.

»Gwen, es wird alles wieder gut. Sie haben alles herausbekommen, und du bist jetzt okay. Ist das nicht eine tolle Nachricht, Liebling? Du wirst in kürzester Zeit wieder gesund sein!«

Ich verspürte mehr Hoffnung als Gewißheit in Davids Stimme, war jedoch zu schwach und halb betäubt, um Fragen zu stellen. Nach den Einzelheiten würde ich mich später erkundigen. Im Augenblick wollte ich nur schlafen. Nachdem ich ein schwaches Lächeln zustande gebracht hatte, murmelte ich: »Das ist schön, Dave. Wir werden ja sehen.« Dann dämmerte ich wieder in einen von der Narkose herrührenden Schlaf hinüber, in dem ich die Schmerzen in meiner Seite vergessen und die Rückkehr in die rauhe Wirklichkeit noch ein wenig hinausschieben konnte.

Später mußte ich natürlich die ganze Wahrheit erfahren. Der Tumor in meinem Dickdarm war tatsächlich bösartig und dazu ziemlich groß gewesen. Doch dem Chirurgen war es anscheinend gelungen, alles Böse wegzuschneiden, außerdem einen Teil Muskelgewebe und ein großes Stück vom Darm. Zu meiner großen Erleichterung war eine Kolostomie aber nicht erforderlich gewesen.

Ich war Gott dankbar, daß mein Körper verhältnismäßig intakt geblieben war, jedenfalls von außen. Ich dankte ihm auch dafür, daß eine Strahlenbehandlung zur Zeit nicht empfohlen wurde. Jesus hatte sein Versprechen eingelöst, mich durch diese Feuerprobe hindurchzubringen, und ich war willig, immer einen Tag nach dem anderen zu leben in dem Wissen, daß die Zukunft in seiner Hand lag.

Meine Genesung versetzte alle in Erstaunen, selbst mich. Der Krebs in meinem Körper hatte so lange an meinen Kräften gezehrt, daß seine Entfernung mir neues Leben einzuflößen schien. Wenige Tage nach der Operation wanderte ich bereits wieder durch die Krankenhausflure und drückte jedem, der mir begegnete, ein Exemplar von *Das Kreuz und die Messerhelden* in die Hand. Als die Ärzte und Schwestern ihr Erstaunen über meine schnelle Genesung zum Ausdruck brachten, bezeugte ich voller Eifer die wunderwirkende Kraft des Herrn und erzählte von seiner Verheißung, daß denen, die Gott lieben, alle Dinge zum Guten mitwirken.

Eigentlich hätte ich nach der Operation noch zehn oder vierzehn Tage im Krankenhaus bleiben sollen. Statt dessen konnte ich bereits nach einer Woche nach Hause gehen, voller Freude über ein ganz neues Gefühl des Wohlbefindens und Gott dankbar, daß er mein Leben verschont hatte. Mehr denn je hatte ich den Eindruck, daß Jesus über mich wachte.

Auch David überwachte mich nun stärker, und ich freute mich insgeheim über seine Besorgtheit und sogar über seine sanfte Schelte. Verblüfft und auch ein kleines bißchen gekränkt über meine Entscheidung, ihn nicht mit »kleinen Problemen« wie einer sich entwickelnden Krebskrankheit zu beunruhigen, verordnete er mir mehr Ruhe und sagte, ich solle aufhören, ein »umgekehrter Hypochonder« zu sein.

»Krank zu werden, ist kein Grund, sich zu schämen, Gwen. Wofür du dich schämen solltest, ist, daß du mir nichts davon gesagt hast, damit ich dir hätte helfen können.«

»Ich weiß, Dave«, erwiderte ich kleinlaut. »Aber ich belästige dich wirklich äußerst ungern zusätzlich, wenn du dich um so viele Dinge kümmern mußt. Ich wußte ja nicht, daß es etwas Ernstes war. Ich dachte, ich könnte allein damit fertig werden, ohne dir unnötig Sorgen zu machen.«

»Also, ich möchte nie mehr eine derartige Argumentation hören, junge Dame. Wenn du merkst, daß irgend etwas Außergewöhnliches im Gange ist, dann will ich es unverzüglich wissen. Versprich mir, Schatz, daß du ehrlich sein und es mir sagen wirst, wenn etwas nicht in Ordnung ist. Ich will nicht, daß du eine solche Last allein trägst.«

Obwohl Davids kontinuierliche Besorgnis über meinen gesundheitlichen Zustand mir das warme Gefühl des Geliebtwerdens vermittelte, bestätigte sie andererseits meinen Verdacht, er und die Ärzte wären sich doch nicht ganz sicher, wirklich alle bösartigen Zellen aus meinem Körper entfernt zu haben. Trotzdem weigerte ich mich, mir von diesem Verdacht meinen inneren Frieden zerstören oder mir den Glauben, daß Gott mich geheilt hatte, rauben zu lassen. Ich lebte weiter von einem Tag zum anderen, und meine Kraft und Lebensfreude nahmen von Tag zu Tag zu.

Die neue Freude, die ich in meinen Kindern fand, ließ mich erkennen, wie gereizt ich oft in den letzten Monaten ihnen gegenüber gewesen war. David hatte recht: Ich durfte nie wieder versuchen, irgend etwas, was meine Gesundheit betraf, vor ihm zu verbergen. Ich hatte zwar nicht vor, jemand zu werden, der ständig klagt, aber ich beschloß, meinen Mann und auch meinen Arzt zu informieren, falls in Zukunft wieder irgendwelche Symptome auftauchen sollten.

Dieser Beschluß wurde leider allzubald auf die Probe gestellt. Ich war gerade gut sechs Wochen zu Hause, als ich einen Knoten in meiner Leiste entdeckte. Ich war sehr versucht, so zu tun, als ob er nicht da wäre. Ich fühlte mich prima, und der Knoten tat gar nicht weh. Es konnte unmöglich wieder Krebs sein! Aber ich hatte David ein Versprechen gegeben und mußte ihm sagen, was ich entdeckt hatte. Er fuhr gleich am nächsten Tag mit mir zu dem Chirurgen, und diesmal versuchte keiner von beiden, mir die Tatsachen zu verheimlichen.

»Wenn Sie *irgendwo* eine Geschwulst haben, müssen wir annehmen, daß es sich um eine Metastasenbildung von dem ersten Tumor handelt«, erklärte mir der Arzt. »Wir können nicht abwarten und sehen, ob sie von selbst verschwindet. Sie müssen operiert werden, und zwar *sofort*!«

Innerhalb von zwei Monaten nach meiner ersten Operation lag ich wieder im Krankenhaus und wartete darauf, in den Operationssaal gefahren zu werden. Entmutigung und Furcht hatten sich wie eine schwere Decke über mich gesenkt, und all mein Vertrauen, daß der Herr mein Leben verschonen würde, war dahin. Zum Glück war Davids Glaube sehr viel stärker als meiner, als wir am Vorabend der Operation zusammensaßen und für ein positives Ergebnis am nächsten Tag beteten.

»Dave, wie viele solcher Operationen werde ich noch durchmachen müssen? Wie oft wird mich diese Angst noch packen und mir meine gesamte Lebensfreude rauben? Ich kann den Gedanken nicht ertragen, jeden Tag nach weiteren Knoten, weiteren Krebsgeschwüren in meinem Körper suchen zu müssen.« Die Verzweiflung in meiner Stimme überraschte mich selbst.

Während ich beobachtete, wie David nach Worten suchte, um mich zu beruhigen, hatte ich fast ein schlechtes Gewissen, weil ich wußte, daß meine negative Einstellung die schwere Last, die er ohnehin trug, noch vergrößerte. Manche Fragen, die ihm einige seiner Mitarbeiter in bezug auf unseren Glauben an göttliche Heilung gestellt hatten, waren für ihn sehr verletzend gewesen. »Wie kann es sein, daß du zwar Vertrauen zu Gott hast, die Rauschgiftsüchtigen zu heilen, aber wenn es um Gwen geht, ihr beide Heilung durch eine Operation erwartet?« Das war im wesentlichen der Tenor dieser Fragen.

David hatte versucht, unseren Standpunkt klarzumachen: Wir wissen, daß Jesus die Quelle allen Heiles, aller Gesundheit ist, aber wir glauben auch, daß er oft das Können, die Weisheit und das Geschick, die er seinen Verbündeten, den Ärzten, verliehen hat, als Kanal für seine Heilung benutzt. Und wir waren überzeugt, daß wir in meinem Fall genau das tun sollten, was die Ärzte uns empfohlen hatten. Im Augenblick war es so, daß ich die heilende Berührung Gottes in *irgendeiner* Art und Weise begrüßt hätte. Dennoch hatte ich große Angst, er könnte etwas anderes mit mir vorhaben.

»Gwen, Liebling« – Davids Stimme holte meine schweifenden Gedanken wieder zurück – »dein Glaube, Jesus würde dich aus dem Feuerofen deiner ersten Operation erretten, hat mir geholfen, das ebenfalls zu glauben. Diesmal scheint die Situation umgekehrt zu sein. Ich glaube immer noch, daß er vorhat, dich heil und gesund aus dem Ganzen hervorgehen zu lassen. Es ist nur eine Prüfung, um zu sehen, wie sehr wir bereit sind, ihm zu vertrauen. Ich weiß ganz einfach, daß alles gut wird, Liebling, und bin bereit, mich auf dieselbe Verheißung zu stützen, die Gott dir letztes Mal gegeben hat.«

Sehr bald erhielten wir die Bestätigung, daß Davids Glaube berechtigt war. Die Geschwulst stellte sich als Fibrom, d.h. als eine gutartige Bindegewebsgeschwulst heraus, die zu entfernen eine einfache Angelegenheit war. Innerhalb von vier Tagen war ich wieder zu Hause und befand mich auf dem besten Weg zur vollen Gesundheit.

Ich schämte mich sehr, auch nur für kurze Zeit daran gezweifelt zu haben, daß Jesus treu sein würde. Obwohl mein Gesundheitszustand sich durch diese kleine Operation nicht verändert hatte, hatte sie doch dazu gedient, mir eine wertvolle Lektion in bezug auf Gottvertrauen zu erteilen. Ich war sicher, wenn ich »das nächste Mal« eine Geschwulst irgendwo an meinem Körper entdeckte, würde ich besser vorbereitet sein und auch besser damit fertig werden. Auch wenn ich manchmal schwer von Begriff war, würde ich doch nicht so bald vergessen, wie treu der Herr in dieser schweren Zeit zu mir gestanden hatte.

Während ich mich von meiner zweiten Operation erholte, war ich sehr bewegt über Davids Bemühungen, mehr Zeit für mich und die Kinder zu haben. Manchmal hatte ich direkt ein schlechtes Gewissen, weil ich es zuließ, daß er uns so vorrangig behandelte. Die Verkaufszahlen von *Das Kreuz und die Messerhelden* waren inzwischen gewaltig in die Höhe geschnellt, und es war sogar die Rede davon, einen Film zu drehen. Infolge der großen Popularität, die das Buch genoß, erhielt David Anfragen aus allen Teilen des Landes, Evangelisationen abzuhalten und sich mit einzelnen zu treffen, die Interesse daran hatten, Teen Challenge-Zentren in ihrer Stadt zu gründen. Ich wußte, wie schwierig es für ihn war, überhaupt Zeit von seiner Arbeit abzuzwacken, und die Tatsache, daß er abends und am Wochenende jetzt öfter zu Hause war als früher, war für mich der Beweis dafür, wie wichtig ihm seine Frau und die Familie waren. Ich kam zu dem Schluß, daß ich definitiv den richtigen Mann geheiratet hatte.

Der Friede Gottes herrschte erneut unangefochten in unserem Leben. Wir waren aus unserem persönlichen Feuerofen hervorgegangen mit neuem Glauben an die Kraft und Liebe Gottes und mit dem Gefühl, von der Sünde, das Leben zu sehr als etwas Selbstverständliches zu betrachten, befreit worden zu sein. Wir empfanden eine tiefere Wertschätzung und Liebe füreinander und eine Zärtlichkeit für unsere Kinder, die nur der erleben kann, der dem Tod ins Angesicht geschaut hat.

Die ganze Welt schien jetzt, im Herbst 1963, von der Gnade Gottes erfaßt zu sein. Wohin wir auch blickten, überall sahen wir Anzeichen des göttlichen Wirkens - sei es in dem bunten Herbstlaub der vereinzelten Bäume in unserer Gegend, der Veränderung im Leben der jungen Leute im Teen-Challenge-Zentrum oder in der offensichtlichen Heilung meines Körpers. Ich fühlte mich so wohl, gesund und frisch, daß ich mehr und mehr zu der Überzeugung gelangte, Gott selber habe mir den Wunsch ins Herz gelegt, der immer stärker geworden war, seit meine Genesungszeit begonnen hatte. Ich wartete nur noch auf den passenden Augenblick, um mit David darüber zu sprechen.

Noch ein Wunder und eine weitere Prüfung

KAPITEL 3

»Gwen, das ist doch verrückt!« Davids Ausruf war schon eher ein Schrei. Er blieb wie festgewurzelt stehen und starrte mich an, als hätte ich plötzlich den Verstand verloren.

Es war genau die Reaktion, die ich erwartet hatte, und ich war darauf vorbereitet, meinen Vorschlag zu verteidigen. Ich lächelte David freundlich an und erwiderte: »Nein, das ist es nicht.«

Wir machten gerade einen Spaziergang durch die Nachbarschaft - ein beliebter Zeitvertreib während meiner Rekonvaleszenz und mittlerweile eine fest etablierte Gewohnheit, wenn David abends zu Hause war. Die Sonne war noch nicht ganz hinter den hohen Wohnblocks verschwunden, aber es wurde bereits langsam kühl, als ich schließlich den Mut gefunden hatte, mit der Bemerkung herauszuplatzen, die meinen Mann so schockiert hatte: »Dave, ich hätte gerne noch ein Kind. Ich wünsche mir ein Baby.«

»Hör mal zu, Liebling«, fing David wieder an, in dem besänftigenden Ton, den man vielleicht bei einem unvernünftigen Kind anschlägt.

Rasch unterbrach ich ihn und legte sofort mit den Argumenten los, die ich sorgfältig eingeübt hatte: »Erzähl mir nicht, daß ich zu viel durchgemacht habe und meine Gesundheit dies nicht zuläßt. Ich habe mich in meinem ganzen Leben nie besser gefühlt als in den letzten vier Wochen. Ich glaube wirklich, daß Jesus selber hinter diesem Wunsch steckt. Ich *weiß* ganz einfach, daß ein Baby mit zu dem Plan gehört, den er jetzt für uns hat.«

In der Zwischenzeit hatte David zweifellos eine ganze Liste von Gegenargumenten gesammelt. Ich sah ihn ein paarmal heftig schlucken, so als müßte er die Antwort gewaltsam unterdrücken.

Schließlich sagte er: »Ich weiß nicht, Gwen. Es scheint mir einfach keine gute Idee zu sein. Es stimmt, ich mache mir Sorgen um deine Gesundheit - aber wenn du meinst, der Herr will es so -«

Seine Stimme verlor sich, dann folgte eine gedankenschwere Pause. Ich spürte, daß er innerlich weich wurde, und nutzte die Gelegenheit. »Bestimmt, Dave. Ich glaube wirklich, daß dieser Gedanke von Gott stammt.«

Ein langes Schweigen breitete sich über uns, als wir langsam nach Hause zurückgingen. Vor der Haustür nahm David mich in die Arme und sagte: »Versprich mir, daß du zuerst mit dem Arzt darüber sprechen wirst. Wenn er sagt, es ist in Ordnung - also, dann bin ich bereit, Gott die endgültige Entscheidung zu überlassen.«

Ich konnte es kaum erwarten, einen Termin bei meinem Arzt zu bekommen. Er hörte mir aufmerksam zu, als ich in seinem Büro saß und ihm erklärte, was mir in den Sinn gekommen war. Seine Antwort war nicht gerade ermutigend.

»Ich weiß, daß Sie sich im Augenblick großartig fühlen, Gwen. Sie haben sich nach Ihrer äußerst schwierigen, umfangreichen Operation erstaunlich gut erholt und sind jetzt natürlich erleichtert und dankbar. Aber eine neue Schwangerschaft würde Ihren Körper zusätzlich belasten, *falls* Sie überhaupt schwanger werden können - was ich eher bezweifle.«

Er fuhr fort, mir zu erklären, daß die Operation die Muskeln und den ganzen Stützapparat in meinem Unterleib derart verändert habe, daß eine Empfängnis höchst unwahrscheinlich und die Chance, ein Kind auszutragen, mehr als gering sei. Ich hörte kaum, was er sagte. Wenn ich recht hatte mit der Annahme, daß der Gedanke, noch ein Baby zu bekommen, von Jesus stammte, war diese ganze Fachsimpelei im Grunde unnütz. Egal, ich hatte David versprochen, daß ich den Arzt konsultieren würde, und hörte mich die Frage stellen: »Aber wäre es denn gefährlich, wenn ich es *versuchen* würde?«

»Gefährlich?« wiederholte er. »Nein, das würde ich nicht sagen. Töricht vielleicht – aber nicht wirklich gefährlich.«

Zu Weihnachten wußte ich, daß ich schwanger war. Jesus hatte mir meinen Herzenswunsch erfüllt! Wie konnte ich daran zweifeln, daß er mir beistehen und uns ein gesundes Kind schenken würde? Die Beschwerden der Schwangerschaft schienen ein geringer Preis zu sein, den es für das Wunderbaby, das der Herr uns schenken wollte, zu bezahlen galt.

Während meiner Schwangerschaft nahmen Davids Aktivitäten an Tempo weiter zu. Er reiste kreuz und quer durchs Land – nach Kalifornien, Alabama, Michigan und zurück nach New York. Innerhalb des Staates New York zielten seine Predigtreisen in erster Linie darauf ab, weitere finanzielle Unterstützung für das Teen-Challenge-Zentrum in Brooklyn zu erhalten. Außerhalb von New York predigte David dagegen ganz allgemein die Botschaft der Errettung in Jesus Christus für alle Menschen. Mehr und mehr wurde er gebeten, zu den unterschiedlichsten Gruppen von Jugendlichen zu predigen, die zum großen Teil total anders waren als diejenigen, mit denen er es im Zentrum zu tun hatte. Es waren ganz normale Jungen und Mädchen, die Sehnsucht nach Gott hatten. Sie hatten nie einen Ladendiebstahl begangen, Drogen genommen oder waren aus der Gesellschaft »ausgestiegen«. David nannte sie die »Braven«.

»Sie *alle* brauchen Jesus, Gwen«, folgerte er. »Vielleicht soll ich mich ja gar nicht ausschließlich auf die Problemfälle konzentrieren. Ich habe so viele wunderbare junge Leute kennengelernt, die es zwar fertigbringen, im gegenwärtigen System zu überleben, die sich aber verzweifelt danach sehnen, einen echten Sinn in ihrem Leben zu finden. Das kann nur Gott schenken.«

Unwillkürlich kam mir der Gedanke, daß sich in Davids Dienst vielleicht ein Kreis schließen könnte. Er hatte als reisender Evangelist begonnen, und es war für ihn immer das Wichtigste gewesen, die Liebe Jesu in das Leben junger Leute hineinzutragen. Nun sah ich, wie er sich erneut mit einem ähnlichen Auftrag auf den Weg machte – nur daß sich dieser Weg augenscheinlich über das ganze Land erstreckte und sein Dienst einer ganzen Nation bedürftiger Jugendlicher zu gelten schien. Er hatte sogar schon Anfragen aus Übersee erhalten. Mein »Prediger vom

Lande« war im Begriff, ein Weltreisender zu werden. Schon jetzt war er so etwas wie eine berühmte Persönlichkeit. Ich war sehr stolz auf ihn und stolz darauf, sein Kind zu erwarten.

Das Baby sollte Mitte Juli zur Welt kommen, doch eingedenk der Tatsache, daß Debbie und Gary so lange auf sich hatten warten lassen, beschloß ich, nicht vor August damit zu rechnen, daß es losging. Doch David war nicht wohl bei dem Gedanken, von zu Hause fort zu sein, als erst einmal der *Juli* auf dem Kalender stand, und bat vorsichtshalber meine Mutter, zu uns zu kommen und bis nach der Geburt des Babys zu bleiben.

Überraschenderweise setzten die Wehen genau zum errechneten Termin ein. Mama war da, um die Kinder zu versorgen, und David - o Wunder über Wunder - war zu Hause und konnte mich tatsächlich in die Klinik bringen. Diese Entbindung würde ein Kinderspiel sein. Selten hatte etwas so bis in die Einzelheiten geklappt.

Doch meine Selbstzufriedenheit wurde nur zu bald erschüttert. Stundenlang lag ich in den Wehen, ohne daß es offensichtlich vorwärtsging. David lief im Kreißsaal hin und her und betete, ich arbeitete und schwitzte - aber es war alles umsonst. Unser Wunderbaby erwies sich als ganz und gar nicht kooperativ. Mit jeder Wehe nahm meine Erschöpfung zu.

Nach 18 Stunden vergeblicher Anstrengung untersuchte der Geburtshelfer nochmals meinen Zustand und wandte sich dann mit den Worten an David: »Herr Wilkerson, ich glaube, wir sollten das Baby lieber durch einen Kaiserschnitt holen.« Ohne Zögern stimmte David zu. Er war bereit, irgend etwas zu akzeptieren, um dieser Sache ein Ende zu bereiten, und mir ging es genauso.

Wenige Minuten später wurde ich auf einer Tragbare über den Flur geschoben. Ich sah die Deckenlampen vorbeihuschen und fragte mich, was wohl genau bei einem Kaiserschnitt passiert. Man hatte mir in den vielen Stunden, die ich bereits in den Wehen lag, ziemlich starke Beruhigungsmittel gegeben, und mein Kopf hatte die Erklärung des Arztes nicht ganz begriffen. Erst als ich auf dem Operationstisch lag, in grüne Tücher gehüllt und mit einer lokalen Betäubung versehen, wurde mir klar, daß mir eine weitere Operation bevorstand.

»O Herr«, seufzte ich, »ich werde wie ein Kriegsopfer aussehen, wenn sie damit fertig sind, an mir herumzuschneiden.« Doch noch ehe ich laut protestieren konnte, hörte ich einen durchdringenden Schrei – und starrte in das zornesrote Gesicht meines Wunderbabys. Ich konnte es nicht fassen, daß es so schnell gegangen war. Doch da war er, ein fast 4700 Gramm schwerer kleiner Junge, mit dunklen Ringellocken, wie Bonnie, und einem runden, pausbäckigen Gesicht, wie Gary es gehabt hatte.

»Er ist einfach goldig«, wiederholte ich ein ums andere Mal, bis ich fest eingeschlafen war. Die Anstrengung forderte ihren Tribut, und es fiel mir auch in den darauffolgenden Tagen ausgesprochen schwer, wach zu bleiben.

Als David meine Erschöpfung bemerkte und mit dem Arzt darüber sprach, kam er zu dem Schluß, daß ich diesmal mehr Hilfe zu Hause benötigen würde. Mama konnte nicht endlos bleiben, und von Debbie – obwohl sie mit ihren inzwischen elf Jahren bereits sehr geschickt und tüchtig war – konnte nicht erwartet werden, daß sie sich um den gesamten Haushalt und zusätzlich noch um mich kümmerte. Wir brauchten eine vollzeitliche Hilfe, zumindest vorübergehend. David fing an, darüber zu beten und Erkundigungen einzuziehen.

Ein befreundeter Pastor aus Minnesota war es, der uns von Sondra erzählte. Sie gehörte zu seiner Gemeinde, ein nettes Mädchen, das aus einem guten, christlichen Haus stammte. Mit ihren 19 Jahren wünschte sie sich sehnlichst, einmal von der Farm ihrer Eltern wegzukommen und etwas Neues zu erleben. Auf Empfehlung seines Freundes holte David Sondra nach Staten Island, um meine Mutter abzulösen. Innerhalb von zwei Wochen hatte sich unsere Familie somit um zwei neue Mitglieder vergrößert: Gregory Allen Wilkerson und Sondra Schaefer.

Sondras bemerkenswerte Tüchtigkeit und Mithilfe waren mehr als willkommen. Trotz meiner Freude über meinen neugeborenen Sohn fiel es mir schwer, wieder auf die Beine zu kommen. Meine ständige Müdigkeit und permanente Schwäche waren nicht nur entmutigend, sondern auch ärgerlich. Sondra war die beste Hilfe, die ich mir wünschen konnte, aber ich wollte mich *selber* um mein Baby kümmern und eine Vollzeit-Mutter für Debbie, Bonnie und Gary sein.

Oft führte meine Ungeduld über die meiner Ansicht nach viel zu langsam voranschreitende Genesung dazu, daß ich mich übernahm. Das Resultat war immer das gleiche. Wenn ich zu schwer gearbeitet hatte und zu lange auf den Beinen gewesen war, mußte ich anschließend mehrere Tage im Bett zubringen, so erschöpft war ich. Bald erstreckten sich meine Gebete auf die eine Bitte: »Herr, laß mich wieder zu Kräften kommen – um meiner Familie willen!«

Etwa ein Dreivierteljahr verging, bevor mein Körper endlich anfing, auf die erzwungene Ruhe und das Verwöhntwerden zu reagieren. Erst im darauffolgenden Frühjahr war ich imstande, meine Kinder vollständig zu beaufsichtigen und Sondra bei der Hausarbeit zu helfen.

In den Monaten meiner Genesung hatte David eine Reise nach Europa unternommen sowie mehrere Reisen nach Kalifornien, wo er in Verbindung mit neu entstehenden Teen-Challenge-Arbeiten Evangelisationen und Jugendveranstaltungen durchgeführt hatte. Mir fiel auf, daß er immer weniger Begeisterung für diese Flugreisen aufbrachte, aber ich ahnte noch nicht, daß sich hier ein persönlicher innerer Kampf für ihn anbahnte. Anscheinend versuchten wir immer noch, uns gegenseitig vor unseren Problemen abzuschirmen.

David war gerade für längere Zeit zu Hause, als ich ihm gegenüber zum erstenmal andeutete, daß wir uns nicht länger zu Recht eine vollzeitliche Hilfe leisten könnten. »Ich bin jetzt wieder fast so kräftig wie früher, David«, erklärte ich ihm. »Und es ist Sondra gegenüber nicht fair, sie hier zu behalten, wenn sie nicht wirklich gebraucht wird. Außerdem ärgern sich unsere Kinder langsam darüber, daß so viele das Sagen haben wollen.«

Aber David sah die Sache ganz anders. »Nein«, sagte er, »du sollst so lange Hilfe haben, wie sie meiner Meinung nach nötig ist. Ich würde dir gerne selber helfen, wenn ich könnte, aber da das nicht geht, möchte ich, daß wir Sondra behalten, und ich möchte auch, daß du dir von ihr helfen läßt. Du wirst immer noch schrecklich leicht müde, und vier Kinder zu versorgen, ist wirklich kein Pappenstiel.«

Ein paar Monate später war ich froh, daß David nicht nachgegeben hatte. Wir beschlossen, in ein größeres Haus in Massapequa Park auf Long Island zu ziehen, nicht weit von Sonia und Paul Dilena entfernt. Staten Island wurde immer übervölkerter, und unsere Familie, die ja auch größer geworden war, brauchte wirklich mehr Platz, als unser kleines Haus mit den drei winzigen Schlafzimmern bieten konnte. Ohne Sondras bereitwillige Hände und jugendliche Energie hätte der Umzug bestimmt das bißchen Kraft, das mir verblieben war, aufgezehrt.

Das neue Haus war ein Traumhaus mit versetzten Geschossen. Es hatte vier Schlafzimmer und einen großen, eingezäunten Garten. Ich hätte mir kein schöneres Zuhause wünschen können – noch bevor David mir seinen Plan enthüllte, im dritten Stock ein weiteres großes Schlafzimmer mit eigenem Bad einzurichten.

Mit Sondras Hilfe lebte sich unsere Familie rasch in dem schönen, geräumigen Haus ein. Zwei Wochen nach unserem Umzug feierten wir Gregs ersten Geburtstag in unserem großen Garten. Ich war zwar etwas müde und vermißte Bunny und die Gemeinde, die uns so viel bedeutet hatte, war aber ansonsten glücklicher als je zuvor. Der Sommer 1965 war ganz offensichtlich *meine* Jahreszeit.

David schien entschlossen, mich sowohl mit materiellen Bequemlichkeiten als auch mit persönlichen Aufmerksamkeiten zu verwöhnen. Nicht lange nach unserem Umzug bat er mich, ihn auf einer kurzen Vortragsreise nach Memphis zu begleiten. Es war Jahre her, seit ich das letzte Mal mit ihm unterwegs gewesen war, und ich freute mich riesig über diese Möglichkeit. Da Sondra noch da war und sich um die Kinder kümmern konnte, brauchten wir diesmal nicht meine Familie um Hilfe zu bitten, obwohl Mama und Papa inzwischen in unserer Nähe wohnten. Sie waren nach Papas Pensionierung ebenfalls nach Long Island gezogen.

Als wir die Maschine nach Memphis bestiegen, fühlte ich mich beinahe wieder wie eine Braut. In meiner großen Vorfreude kam mir diese Reise wie eine Art zweite Hochzeitsreise vor.

Eine schöne Hochzeitsreise! Ich verbrachte den größten Teil davon in einem fremden Krankenhaus. Wir hatten kaum das Flugzeug verlassen, als ich von einer entsetzlichen Müdigkeit überfallen wurde. Es war nicht die übliche, von der Reise herrührende Müdigkeit, sondern ein Gefühl totaler Schwäche, das ganz plötzlich angeflogen kam und drohte mich umzuhauen. Kurze Zeit später im Hotel setzten starke Blutungen ein.

Trotz meiner inbrünstigen Gebete, der Herr möge die Blutungen stoppen und uns diesen lange erwarteten Kurzurlaub genießen lassen, wurde der Blutverlust so alarmierend, daß ich David schließlich darüber informieren mußte. Kurzerhand brachte er mich in ein großes Krankenhaus, das nur einige Straßen von unserem Hotel entfernt lag, und dort mußte ich bleiben, bis wir zwei Tage später nach Hause zurückflogen.

Die Ärzte in Memphis verwirrten uns mit ihren komplizierten Fachausdrücken, aber wir waren einigermaßen beruhigt durch ihre Aussage, daß dieser Vorfall höchstwahrscheinlich nichts mit dem Krebs zu tun hatte, der vor zwei Jahren operativ entfernt worden war. Was mich indessen sehr beunruhigte, war die Empfehlung, ich möge doch über eine Totaloperation nachdenken.

Darüber unterhielten David und ich uns auf dem gesamten Rückflug und gerieten bald in eine Sackgasse. Alles, was ich sagen konnte, war: »Ich möchte keine weitere Operation!« Worauf David jedesmal erwiderte: »Wenn es notwendig ist, wirst du dich operieren lassen *müssen*, Gwen.«

Tatsache war, daß keiner von uns beiden genug über meinen Zustand wußte, um eine verantwortungsbewußte Entscheidung treffen zu können.

Was wir dringend brauchten, war guter ärztlicher Rat, aber wir hatten momentan keinen Doktor. Der Chirurg, der die erste Operation durchgeführt hatte, war nicht mehr in Staten Island, und wir wohnten noch nicht lange genug in Long Island, um Kontakt zu der dortigen Ärzteschaft aufzunehmen.

Schließlich kam David eine Idee: »Laß uns nach Michigan fliegen und Dr. Berghuis konsultieren. Seinem Urteil würde ich jederzeit vertrauen, und es wird beruhigend sein, mit einem Mann zu sprechen, der nicht nur Ahnung von Medizin hat, sondern auch den Herrn kennt.«

Das war wirklich ein von Gott eingegebener Gedanke. Dr. John Berghuis war ein langjähriger Freund und Unterstützer von David. Er war schon oft zu Teen-Challenge-Sitzungen in New York gewesen, wohnte aber selbst in Adrian/Michigan, wo er eine chirurgische Praxis betrieb. Daß David freiwillig dorthin fliegen wollte, um ihn zu konsultieren, war ein Zeichen dafür, wie hoch er seine Meinung einschätzte. Mittlerweile war es nämlich so, daß David Flugzeugen nach Möglichkeit aus dem Weg ging. Der Transatlantikflug im vergangenen Jahr hatte seine seit langem bestehende Aversion gegen das Fliegen gewaltig verstärkt.

Nachdem wir sofort unseren Freund angerufen und seine Einladung erhalten hatten, ihn umgehend aufzusuchen, bestiegen wir wieder eine Maschine, um zu hören, was ein christlicher Arzt über meinen Gesundheitszustand zu sagen hatte.

Im wesentlichen stimmte Dr. Berghuis mit den Ärzten in Memphis überein. Auch er empfahl mir, eine Totaloperation vornehmen zu lassen, und auch er bezweifelte, daß mein Problem irgend etwas mit der früheren Operation oder dem Krebs zu tun habe. »Wahrscheinlich hängt es eher mit der mühsamen Geburt, dem Kaiserschnitt und überhaupt mit den Strapazen des Frauseins zusammen«, erklärte er uns. »Trotzdem möchte ich mir die Sache sehr genau ansehen, wenn wir die Totaloperation machen, um sicherzugehen, daß nichts Schlimmeres dahintersteckt.«

Damit war für David die Sache klar, und mir blieb gar nichts anderes übrig, als zögernd einer weiteren Operation zuzustimmen. Dennoch faßte ich auf der Stelle den festen Entschluß: »Jetzt reicht's mir endgültig! Ich habe die Nase voll von Krankenhäusern, Operationen und langen Erholungsphasen. Noch einmal mache ich das alles nicht mit!«

Ich bin nicht sicher, was ich mit diesem Entschluß meinte erreichen zu können, aber sowohl mein Körper als auch meine Seele hatten ihre Toleranzgrenze erreicht. Die Totaloperation würde der vierte operative Eingriff in gerade einmal zwei Jahren sein und meinen fünften Krankenhausaufenthalt bedeuten. Ich war es ganz einfach leid.

Meine totale Erschöpfung war ein wesentlich ernsterer Umstand, als uns allen damals bewußt war. Die Totaloperation, fachgerecht von Dr. Berghuis durchgeführt, warf keinerlei Probleme auf, und seine sorgfältige Untersuchung, während ich in der Narkose war, erbrachte für uns alle die beruhigende Gewißheit, daß die frühere Operation ein voller Erfolg gewesen war. Aber ich hatte einfach keine Reserven mehr für die Zeit der Genesung, die jetzt erneut auf mich wartete. Vielleicht war dies der Grund dafür, daß ich bald darauf durch die finsterste Zeit meines Lebens würde gehen müssen.

Ein persönliches Gefängnis

KAPITEL 9

Dr. Berghuis versuchte, uns zu warnen. David verbrachte die zwei Wochen, die ich nach der Operation im Krankenhaus lag, als Gast in seinem Haus. In dieser Zeit sprach unser Freund mit uns ausführlich darüber, was nach der Prozedur, die ich hinter mir hatte, zu erwarten war. Er redete mit uns beiden zusammen, unterhielt sich mit jedem von uns einzeln, und es war klar ersichtlich, daß hinter allem eine große Erfahrung und viel Weisheit standen. Wie wir später zu unserem Leidwesen feststellen mußten, enthielten seine Worte aber auch eine Menge Prophetisches.

»Die letzten Jahre sind für dich eine ziemliche Tortur gewesen, Gwen«, erinnerte er mich (eher unnötigerweise). »Bestimmt weißt du, daß du dir Zeit gönnen mußt, um körperlich wieder zu Kräften zu kommen. Man kann den natürlichen Heilungsprozeß nicht übers Knie brechen. Das steht allein in Gottes Hand.«

Und ob ich das wußte! Die Zeit, die ich nach den drei vergangenen Operationen zur Erholung benötigt hatte, war unterschiedlich lang gewesen. Besonders langsam war mir der Prozeß nach dem Kaiserschnitt bei Greggys Geburt vorgekommen. Ich versicherte Dr. Berghuis, daß ich diesmal bestimmt Geduld haben würde.

»Auf eines bist du aber wahrscheinlich nicht vorbereitet«, erwiderte er, »nämlich auf die seelische Belastung, die eine solche Operation mit sich bringen kann. Vieles davon läßt sich physiologisch erklären – Hormonumstellung und dergleichen. Den meisten Frauen ist nicht klar, welch tiefgreifende Auswirkungen eine Totaloperation auf ihr seelisches Gleichgewicht haben kann.«

Das war mir unverständlich. Warum sollte ich ausgerechnet nach *dieser* Operation mit größeren emotionalen Schwankungen rechnen müssen als nach den vorigen? Aber Dr. Berghuis hatte noch mehr zu sagen, und ich gab mir Mühe zu verstehen, was er meinte.

»Weißt du, Gwen, viele Frauen haben nur minimale Anpassungsschwierigkeiten nach einer Totaloperation. Es gibt aber auch einige – besonders solche wie du, die noch verhältnismäßig jung sind –, die sich plötzlich nutzlos vorkommen. Sie scheinen zu denken, daß der Verlust ihrer Gebärfähigkeit ihnen jeglichen Nutzen für die Gesellschaft geraubt hat. Andere haben das Gefühl, ihr Mann würde sie nicht mehr lieben; sie hätten ihre Attraktivität verloren und könnten sich deshalb die Zuneigung ihres Ehepartners nicht erhalten. Viele Frauen berichten von überwältigenden Gefühlen der Einsamkeit, Depression, Eifersucht und des Selbsthasses.«

Jetzt hatte Dr. Berghuis meine volle Aufmerksamkeit. Seine Miene war so ernst, daß ich eine gewisse Beklommenheit in mir aufsteigen fühlte. Als er meine Besorgnis bemerkte, wurde sein Ton sanfter.

»Ich sage dir das alles, Gwen, weil ich möchte, daß du in den vor dir liegenden Monaten auf derartige Kämpfe vorbereitet bist. Ich bin überzeugt, daß du jetzt körperlich gesund bist. Genauso überzeugt bin ich aber, daß du zumindest ein paar Probleme mit deinen Gefühlen bekommen wirst, ehe alles wieder ganz normal läuft. Schließlich hast du in nur zwei Jahren vier Operationen hinter dich gebracht, was dich noch anfälliger für die Folgen einer Totaloperation machen dürfte.«

Zufrieden darüber, mich angemessen gewarnt zu haben, lächelte Dr. Berghuis warm und klopfte mir ermunternd auf die Schulter. »Vergiß nie, daß du eine reizende, liebenswerte Frau bist, mit einem Mann, der dich liebt, und vier Kindern, die dich brauchen. Vor allem aber vergiß nicht, daß Jesus für dich sorgt. Verlaß dich voll und ganz auf ihn, wenn es stürmisch wird. Er ist der einzige, der diese Übergangszeit verkürzen und sie dir erleichtern kann.«

Ich war dankbar für die Besorgnis unseres Freundes, war mir aber ziemlich sicher, daß seine Warnung in meinem Fall unnötig war. Wenn ich die lange Genesungsphase nach Greggys Geburt überstanden hatte, würde ich bestimmt auch mit allem fertig werden, was diesmal auf mich zukam. Ich hatte gute Hilfe zu Hause, und David hatte bereits seine Liebe zu mir bewiesen, indem er die ganze Zeit in Michigan bei mir geblieben war. Nein, ich war nicht wie die Frauen, von denen der Doktor gesprochen hatte. Wenn ich irgend etwas in den 13 Jahren unserer Ehe gelernt hatte, dann das, wie ich mit den Gefühlen, die er erwähnt hatte, umgehen konnte. Natürlich war ich von der letzten Operation noch geschwächt, aber mit der Hilfe Gottes würde sich das wieder einrenken. Daß *er* treu war, daran bestand für mich überhaupt kein Zweifel.

Auf dem Rückflug unterhielten David und ich uns über den Rat, den Dr. Berghuis uns gegeben hatte. Wir fanden es lieb von ihm, daß er uns helfen wollte, mögliche Fallen zu vermeiden, neigten aber eher dazu, seine Besorgnis nicht so hoch zu bewerten. Davids Bemerkung faßte meine eigenen Gefühle recht gut zusammen: »Ich schätze, er hat schon so viele Leute gesehen, die es nicht gelernt haben, Jesus in einer solchen Situation zu vertrauen, daß er meint, diese Warnung allen zukommen lassen zu müssen. Doch wenn irgend jemand mit Belastungen fertig werden kann, dann bestimmt *wir*.«

Wir lächelten uns an, während wir daran dachten, auf was wir uns schon alles hatten einstellen müssen. Für den Rest des Fluges hielten wir uns einfach an den Händen und ergingen uns in Erinnerungen an frühere Zeiten.

Nachdem unsere Maschine auf dem Kennedy-Flughafen gelandet war, verbannten wir die Warnungen des Arztes ganz und gar aus unseren Köpfen. Wir freuten uns einfach über die erfolgreiche Operation, über unsere glückliche Heimkehr und über alle Segnungen, die Gott uns geschenkt hatte. Es war schön, wieder bei den Kindern zu sein, und sie schienen sehr froh zu sein, uns wiederzusehen. Debbie, die im Herbst zwölf wurde, ärgerte sich mehr und mehr darüber, einer »Gouvernante«, wie sie Sondra beharrlich nannte, unterstellt zu sein. Sie meinte, Bonnie und sie seien jetzt alt genug, um im Haushalt mitzuhelfen und sich um

Gary und Greg zu kümmern. Offensichtlich hoffte sie, daß meine Heimkehr Sondras baldige Abreise bedeuten würde.

Sondra war lieb wie eh und je und tat so, als bemerke sie die wachsende Kühle der Mädchen ihr gegenüber nicht. Ich persönlich war davon überzeugt, daß wir ihre Hilfe bald nicht mehr benötigen würden, aber im Moment war ich froh, sie noch bei uns zu haben. Eine solch zuverlässige Hilfe wie sie zu finden, war schwierig, und ich war noch zu schwach, um die volle Verantwortung für den Haushalt und zwei lebhafte Buben - den siebenjährigen Gary und den einjährigen Greggy - zu übernehmen.

Wir waren kaum zu Hause und hatten gerade erst wieder so etwas wie ein Familienleben begonnen, als Davids Arbeit richtig in Schwung kam und so die Zeit, die er mit uns verbringen konnte, drastisch beschnitten wurde. Aus dem ganzen Land und auch aus dem Ausland trafen Predigteinladungen im Teen-Challenge-Zentrum ein, als *Das Kreuz und die Messerhelden* einem immer größeren Publikum bekannt wurde. Don Murray beriet sich mit David über eine Verfilmung des Buches, und Pat Boone zeigte Interesse, Davids Rolle zu spielen.

Während ich dies alles beobachtete, wurde mir klar, daß David im Begriff war, eine echte Berühmtheit zu werden - ein Mann, der im Rampenlicht stand. Dabei regten sich in meinem Innern die ersten Anzeichen von Unzufriedenheit. Obwohl ich wußte, daß David sich nicht von dem Wunsch nach persönlicher Anerkennung leiten ließ, begann ich mich zu fragen, wie sich wohl diese ganze Aufmerksamkeit auf ihn auswirken würde. Er hatte zwar seine Arbeit unter der Leitung des Geistes Gottes *begonnen*, aber konnte so viel öffentliche Aufmerksamkeit wirklich irgend jemanden unbeeinflußt lassen? So fing ich an zu beobachten, ob sich bei meinem Mann irgendwelche Anzeichen eines übersteigerten Selbstbewußtseins zeigen würden. Ich schämte mich über meine eigenen Gedanken und wußte ganz genau, daß ich mich ihm gegenüber nicht fair verhielt. Er hatte sich wirklich nicht verändert, sondern ging nach wie vor auf dem Weg des Herrn. Trotzdem konnte ich die Verdächtigungen und Befürchtungen, die ständig in meinem Kopf herumschwirrten, nicht loswerden.

Im gleichen Maße wie Davids Reisetätigkeit zunahm, nahm auch meine Ungeduld darüber zu, daß meine Genesung nur so langsam voranschritt. Meine Kräfte waren immer noch auf dem Tiefpunkt, und ich hatte manchmal das Gefühl, *nie wieder* normal zu werden. Daß ich zu Hause bleiben mußte, während David unterwegs war, ärgerte mich wie nie zuvor. Ich wollte zu gerne die Orte sehen, wo er predigte, und die Leute kennenlernen, die seine Freunde waren. Manchmal fragte ich mich, ob sie überhaupt wußten, daß er eine Frau hatte. Trotzdem kam es im Moment absolut nicht in Frage, daß ich mit ihm reiste. Schon die kleinste Anstrengung im Haus ermüdete mich über die Maßen.

Es dauerte nicht lange, bis ich anfing, meinen Frust an Sondra und den Kindern auszulassen. Ich wurde pingelig in bezug auf Äußerlichkeiten und schnauzte Sondra an, wenn sie etwas nicht genau so machte wie ich oder die Arbeit nicht so effektiv einteilte, wie ich es meiner Meinung nach konnte. Wenn die Kinder irgendwo ein Spielzeug herumliegen ließen oder mit schmutzigen Händen oder Füßen ins Haus kamen, hielt ich ihnen jedesmal eine Strafpredigt und verwies darauf, daß ich unmöglich das Haus in Ordnung halten könne, wenn sie nicht kooperierten.

Sondra war klug genug, meine Kritik ohne Kommentar hinzunehmen, und selbst die Kinder ertrugen meine Gefühlsausbrüche mit bemerkenswerter Gelassenheit. Mir selbst jedoch war klar, daß ich mich schlecht benahm, und meine Beschämung darüber trug zu einem wachsenden Schuldgefühl bei. Plötzlich verstand ich die Warnungen, die Dr. Berghuis in bezug auf Launenhaftigkeit und Reizbarkeit ausgesprochen hatte. Ein kleiner Trost war es, zu wissen, daß dies keine unerwartete Reaktion war. Trotzdem schalt ich mich selbst wegen meiner mangelnden Selbstbeherrschung.

»Jesus, hilf mir!« war mein ständiger Hilfeschrei in jener ersten Zeit zu Hause. Wie gerne hätte ich mehr gesagt! Ich sehnte mich danach, mit ihm über meine Gedanken und Befürchtungen zu sprechen und aus seiner Fülle die Liebe und Kraft zu erhalten, die ich brauchte, um mit den Gefühlen, die mich zu überwältigen drohten, fertig zu werden. Aber das Beten fiel mir plötzlich schwer, und »stille Zeit« zu halten, brachte ich kaum fertig. Obwohl ich den Herrn dringender brauchte als je zuvor, nahm die Zeit der Gemeinschaft mit ihm immer mehr ab. Zuerst machte mir das sehr zu schaffen, doch mit der Zeit schien es immer weniger wichtig zu sein.

Was mir wichtig war, war die Frage, wie ich es vermeiden konnte, bei jeder kleinen Enttäuschung und jedem alltäglichen Problem aus der Haut zu fahren. Die kleinen Meinungsverschiedenheiten der Kinder wurden in meinen Gedanken zu schwerwiegenden Streitereien, und ich konnte es nicht ertragen, wenn sie sich gegenseitig aufzogen. Wenn Debbie und Bonnie Sondras Autorität in Frage stellten, konnte oder wollte ich sie nicht unterstützen. Ich regte mich lediglich auf, wurde nervös und putzte alle drei mit einer immer schärfer werdenden Zunge herunter.

Mein Sarkasmus und die bitteren Worte überraschten alle, die sie hörten. Ganz besonders überraschten sie mich selbst. *Das bist du doch nicht, Gwen*, schalt ich mich selber. *So hast du doch noch nie in deinem Leben gesprochen!* Die Folge war, daß ich mich ins Schlafzimmer verkroch, weinte und noch mehr anstrengte, mich zu beherrschen.

Zuerst blieb David dieses ganze Durcheinander zum großen Teil erspart. Er war so oft fort, daß er meine schlimmsten Gefühlsausbrüche nicht mitbekam, und Sondra und die Kinder waren zu loyal, um mich zu verpetzen. Wenn David zu Hause war, riß ich mich mit Gewalt zusammen, um die Rolle einer guten Mutter und liebenden Ehefrau zu spielen.

Um die Wahrheit zu sagen: Ich hatte schreckliche Angst davor, was passieren würde, wenn mein Mann erfuhr, wie es wirklich in mir aussah. Eigentlich, so redete ich mir selbst ein, war ich zu nichts mehr nütze. Ich hatte eine Gewohnheit entwickelt, mehrmals im Jahr zusammenzubrechen, was jedesmal eine größere Reparatur nötig machte. Welcher Mann würde sich so etwas von seiner Frau lange gefallen lassen? Wenn David wüßte, wie schlecht ich zurechtkam, würde er mich wahrscheinlich ganz und gar fallenlassen. Sonias Warnung über die Versuchungen, denen mein Mann in seinem Dienst ausgesetzt sei, gingen mir nicht mehr aus dem Kopf. Davids Arbeit erstreckte sich inzwischen auf alle Arten von jungen Leuten. Wie konnte ich mit ihnen konkurrieren, wenn er erfuhr, zu was für einer Xanthippe ich mich entwickelte?

Derartige Überlegungen führten dazu, daß ich sehr viel Zeit auf mein Äußeres verwandte und die Verzweiflung, die ich empfand, so gut es ging, vor David verbarg. Ich *mußte* es einfach tun. Mein ganzes Leben schien davon abzuhängen.

Der »Erfolg« dieses ständigen Versteckspiels war, daß ich meinen Mann gerade zu der Zeit auf Distanz hielt, da ich seine Hilfe und sein Verständnis am meisten gebraucht hätte. Die Anstrengung, permanent Theater spielen zu müssen, kostete mich mehr Kraft, als ich wußte, und die Anspannung, unter der ich stand, wurde bald sogar für David offensichtlich.

Wenn David zu Hause war, versuchte er, mich in seine persönliche »stille Zeit« einzubeziehen und mir dadurch zu helfen, von Gott die benötigte Kraft zu erhalten. Als diese Bemühungen fehlschlugen, betete er *für* mich und verbrachte viele Stunden damit, mich vor Gottes Thron zu bringen und ihn um Hilfe anzuflehen. Er gab Sondra gute Ratschläge, wie sie mit diesem Dilemma fertig werden konnte, und versuchte, bei den Kindern zumindest ein gewisses Verständnis für die Situation zu wecken. Er unternahm fast übermenschliche Anstrengungen, um soviel wie möglich für uns erreichbar zu sein. Doch das Problem war im Grunde ich selber - und ich befand mich außerhalb des Einflußbereichs menschlicher Hilfe.

Während dieser ganzen qualvollen Zeit hielt ich unseren Familienalltag und unser Image nach außen hin so gut wie möglich aufrecht.

In der Gemeinde spielte ich weiterhin eine aktive Rolle. Aufmerksame Beobachter mögen festgestellt haben, daß ich ein bißchen müde und abwesend wirkte, aber ich war auf jeden Fall »unter den Anwesenden«, zumindest körperlich. Mein Geist, gefangen in Furcht, Schuldgefühlen, Groll und Argwohn, war dagegen weit von Gott entfernt, und ich kam mir vor wie ein Heuchler, weil ich lediglich so tat, als sei ich Christ. »Wenn alle diese lieben Geschwister wüßten, wie es in mir aussieht, würden sie mich endgültig aus ihrer Gemeinschaft verbannen«, sagte ich mir.

Meine Furcht, jemand könnte tatsächlich entdecken, was in meinem Innern vorging, veranlaßte mich, mir jeden vom Leib zu halten. Meine Mutter wohnte nur ein paar Straßen von uns entfernt, und gute Freundinnen wie Bunny oder Sonia hätten gewiß nur zu gern alles stehen und liegen lassen, um mir zu helfen, aber ich wagte es nicht, sie ins Vertrauen zu ziehen. Trotzdem bin ich sicher, daß ich keinem etwas vormachen konnte. Insbesondere Mama kannte mich viel zu gut, um nicht zu merken, daß ich lediglich Theater spielte. Da sie aber nicht der Typ war, der gute Ratschläge gibt, ohne gefragt worden zu sein, oder uneingeladen »hereinschaute«, konnte ich sie mir leicht vom Hals halten. Genau wie Sonia und Bunny konnte sie nur zuschauen und auf eine Gelegenheit warten, mir zu helfen.

Anfänglich rechneten alle, darunter auch ich, damit, daß diese Phase innerhalb weniger Wochen vorbei sein würde. Sogar in den Augenblicken, da ich mich selbst verdammte, war ich davon überzeugt, daß das Böse, das mich in seinen Klauen festhielt, in Kürze besiegt sein würde. Der Arzt hatte mir ja gesagt, daß viele Frauen nach einer Totaloperation schwere Zeiten durchmachen. Gewiß war mein Fall nicht hartnäckiger als jeder andere auch. Die Zeit würde mich heilen - die Zeit und der Herr.

Doch als die Zeit verstrich und keine Besserung eintrat, wurden die, die mir am nächsten standen, langsam mürbe durch meine ständige Gereiztheit. Ich sah den vorsichtigen Ausdruck auf den Gesichtern meiner Kinder, während sie auf meinen nächsten Gefühlsausbruch warteten. Sogar der kleine Greggy war argwöhnisch, wenn ich ihn in die Arme nahm, hatte er sich doch oft genug bei einem plötzlichen Stimmungsumschwung gewaltig erschreckt. Jeder hatte die Nase voll von meinem miesen Zustand, doch ein Ende war nicht abzusehen.

Ich glaube zu wissen, wann David endgültig an mir verzweifelte. Für über ein Jahr nach meiner Totaloperation gab er sich die größte Mühe, meine Launen zu verstehen und zu ertragen. Auf unterschiedliche Art und Weise zeigte er mir seine Liebe: Er schickte mir ohne einen besonderen Anlaß Blumen, rief mich jeden Tag an, wenn er unterwegs war, und sagte mir immer wieder, wie lieb er mich habe.

Wie es häufig in einer Ehe der Fall ist - besonders wenn sie so lange unter Beschuß gestanden hat wie unsere -, war es nur eine winzige Bagatelle, die schließlich das Faß zum Überlaufen brachte. Es war an einem Abend, als David zu Hause war und ich früh ins Bett gegangen war, um zu lesen (in erster Linie, um mich nicht unterhalten zu müssen). An diesem Abend war es mir einfach zu anstrengend geworden, die Rolle der liebenden Ehefrau zu spielen. David kam, um nach mir zu sehen – nachdem er bestimmt für mich gebetet hatte. Er hatte sich sogar die Mühe gemacht, mir eine Tasse Tee zu kochen, was ich gewöhnlich abends vor dem Schlafengehen gerne mochte. Mit einem Lächeln betrat er das Schlafzimmer.

»Hier, bitte, Liebling«, sagte er, stellte die Tasse auf den Nachttisch und setzte sich dann auf die Kante meines Bettes.

Ohne von meinem Buch aufzusehen, erwiderte ich abwehrend: »Nein danke, Dave. Ich möchte keinen Tee.«

Was ich in Wirklichkeit sagte, war: »Laß mich bitte in Ruhe, Dave. Ich habe mich augenblicklich nicht in der Gewalt. Ich bin nicht in der Verfassung, mich zu unterhalten und so zu tun, als sei alles in Ordnung.«

Aber bei David kam etwas ganz anderes an, nämlich: »Es hat keinen Zweck, Dave. Du kannst absolut nichts tun, um mir zu gefallen. Ich werde für immer so bleiben, also hör auf, mich verändern zu wollen. Geh weg!«

Ohne ein Wort verließ er das Zimmer, und ich hörte es klappern, als er Tasse und Untertasse ins Spülbecken stellte. Ich suchte krampfhaft nach irgend etwas, was ich sagen oder wie ich mich entschuldigen konnte. Doch die Tränen saßen locker, und als sie mir in die Augen stiegen, knipste ich einfach das Licht aus und heulte mich richtig aus.

Nach diesem Erlebnis zog sich David mehr oder weniger von mir zurück. Er war zwar höflich und lieb, aber eine gewisse Kühle und Distanz waren in unsere Beziehung eingezogen. Erst jetzt ging mir auf, wie sehr das bißchen an Haltung, das ich besaß, von Davids gutem Willen abhängig gewesen war. Als er aufhörte, die zweite Meile für mich zu gehen, fing ich an, ihn zur Zielscheibe meiner Sticheleien und schnippischen Bemerkungen zu machen. Ich erfuhr, daß er sehr empfindlich in bezug auf seine öffentlichen Auftritte war, und konnte ihn sehr leicht verletzen, indem ich ihn »hohes Tier« oder »Mr. Showbusiness« nannte. Solche Seitenhiebe wurden zwar auf scherzhafte Art und Weise verteilt, aber wir wußten beide, daß sie darauf abzielten, ihn zu verletzen. Wenn mein Mann den Koffer packte, um irgendwo im Land zu predigen, piesackte ich ihn damit, daß er ja solch ein großer Segen für Millionen von Menschen sei, während seine Familie daheim sitze und kaum noch wisse, wie er aussehe. Immer öfter verließ er ärgerlich und schweigend das Haus. Sobald sich die Tür hinter ihm geschlossen hatte, brach ich jedesmal weinend zusammen, weil ich ihn wieder hatte fortgehen lassen, ohne daß er sich von einer liebenden Ehefrau getragen wußte.

Inzwischen war mir klar, daß ich ein hoffnungsloser Fall war. Ich konnte mich selbst nicht mehr leiden und war sicher, daß mich auch niemand sonst leiden konnte. Ich hatte es geschafft, mich von meinem Mann und meinen Kindern zu entfremden, und niemand - nicht einmal Gott - konnte in mein seelisches Gefängnis eindringen. Ich hatte das Gefühl, den Verstand zu verlieren. Ich war nicht mehr die Gwen, die David geheiratet hatte, und mehr als einmal kam mir der Gedanke, daß er ohne mich viel besser daran wäre. Ich fragte mich, warum er mich nicht einfach verließ, aber David schien entschlossen zu sein, wenigstens nach außen hin den Anschein einer intakten Ehe aufrechtzuerhalten.

Davids Kühle hatte bereits ungefähr einen Monat angedauert, als er mich einlud, ihn auf einer Reise nach Kalifornien zu begleiten. Eigentlich hätte ich mich freuen sollen, aber ich war ziemlich sicher, daß er damit lediglich den Anschein einer harmonischen Partnerschaft erwecken wollte. Er sprach von einer »zweiten Hochzeitsreise«, ein Ausdruck, der mir fast lachhaft erschien. Trotzdem willigte ich ein mitzukommen. Wenn er den Leuten weismachen wollte, unsere Ehe sei noch intakt, dann würde ich schon irgendwie die Kraft aufbringen, ebenfalls den Schein zu wahren. Zumindest würde ich den Kindern und mir eine Pause in dem Streß gönnen, miteinander auskommen zu müssen.

Zur gleichen Zeit geheilt

KAPITEL 10

David gab sich mehr Mühe als ich, um den Flug nach Kalifornien erfreulich zu gestalten. Immer wieder versuchte er, mich in ein Gespräch zu verwickeln. Er erzählte von der Entwicklung der Arbeit unter den Hippies an der Westküste, die zu jener Zeit einige Teile von Kalifornien praktisch übernommen hatten. Ich spürte seine wachsende Begeisterung für diese Arbeit, besonders mit den »Jesus People«, einer Jugendbewegung, die damals sehr stark war. Ich war jedoch so sehr mit meiner eigenen Not beschäftigt, daß ich mir wenig Mühe gab, Interesse zu zeigen oder mich zu dem, was er mir erzählte, zu äußern. Es war mir deutlich bewußt, daß David bereit war, sich mit ganzer Kraft in die Aufgabe, die der Herr ihm stellte, zu investieren. Ich fragte mich nur, warum er nicht genausoviel Mühe und Begeisterung für unsere Ehe einsetzen konnte.

Die Möglichkeit einer Trennung bzw. Scheidung war mir in letzter Zeit so oft durch den Kopf gegangen, daß mir der Gedanke beinahe attraktiv erschien. Wenn mein Mann den Rest seines Lebens damit verbringen wollte, sich um die Probleme aller Leute, nur nicht um meine, zu kümmern, dann schien ein Leben ohne ihn für mich die einzige Lösung zu sein. Mit solch düsteren Gedanken, die mich während des Fluges quer durchs Land beschäftigten, gelang es mir recht gut, Davids Bemühungen, mich von neuem an seinem Leben und Dienst teilhaben zu lassen, von mir fernzuhalten.

Sobald wir in unserem Hotel angekommen waren, wendete sich das Blatt. Für David lagen etliche telefonische Informationen vor, er mußte diverse Anrufe machen und Pläne für den Abend bestätigen. Nun war *ich* diejenige, die ausgesperrt war, und ich fing im stillen an zu kochen. Ich weiß nicht mehr, was es war, das schließlich den Streit auslöste. Ich weiß nur, daß David und ich uns einige unglaubliche Minuten lang anschrien - und daß ich plötzlich allein war. David war aus dem Zimmer stolziert und hatte die Tür mit solcher Entschiedenheit hinter sich zugeschlagen, daß ich wußte, er würde nicht zurückkommen, um mich zum Abendessen mit anschließender Versammlung abzuholen.

Was wird er bloß machen, um seinen Freunden meine Abwesenheit zu erklären? überlegte ich. *Wahrscheinlich wird er ihnen sagen, ich sei zu müde von der Reise gewesen. Irgendwie wird er das Gesicht wahren und bei der ganzen Sache noch prima dastehen – dieser Angeber!*

Da niemand in erreichbarer Nähe war, an dem ich meine Verbitterung hätte auslassen können, schmiedete ich in meiner Wut stundenlang Pläne und traf schließlich eine bedeutsame Entscheidung: Sobald ich wieder auf Long Island wäre, würde ich die Scheidung einreichen. Dann würde David endlich merken, daß er mich nicht als selbstverständlich betrachten konnte! Eine Scheidung würde dazu dienen, sein leuchtendes Image anzukratzen, und ihm zeigen, daß man mit Gwen Wilkerson zu rechnen hatte. Doch irgendwie ging es mir nach dieser Entscheidung auch nicht viel besser.

David meldete sich den ganzen Nachmittag nicht und kam auch nicht ins Hotelzimmer zurück. Doch ungefähr eine Viertelstunde vor Beginn des festlichen Abendessens klopfte es leise an der Tür. Mit dem Vorsatz, David nochmals gehörig Bescheid zu stoßen, öffnete ich - und sah mich einem netten Herrn gegenüber, der mir vollkommen fremd war. Nachdem er mir seinen Namen genannt hatte, sagte er, er sei gekommen, um mich in den Festsaal zu begleiten. Mir fiel nichts Passendes ein, um sein Angebot abzulehnen, ohne furchtbar unhöflich zu erscheinen oder mich lächerlich zu machen. In aller Eile versuchte ich, mein Äußeres ein wenig zu verbessern, und nahm mir im stillen vor, es David heimzuzahlen, sobald sich eine Gelegenheit ergäbe. Dann machte ich mich mit meinem Begleiter auf den Weg zu einem Abend, den ich nie mehr vergessen sollte.

David sollte beim Essen die Hauptrede halten und anschließend bei einer Großveranstaltung im Bürgersaal der Stadt sprechen. Als mein Begleiter und ich den Festsaal betraten, saß mein Mann bereits am obersten Tisch und sah aus, als sei er nicht im geringsten beunruhigt. Daß er offensichtlich überhaupt nicht besorgt war, gab meinem Zorn neue Nahrung. Trotzdem zwang ich mich zu einem freundlichen Lächeln, als ich meinen Tischnachbarn an einem Seitentisch, zu dem man mich geführt hatte, vorgestellt wurde. »Er ist ein riesengroßer Heuchler, damit Sie es wissen!« hätte ich am liebsten laut verkündet. »Er wird sich dort oben hinstellen und über Gott reden, und alle werden denken, was für ein wunderbarer Mann er ist. Keiner wird ahnen, daß ihm seine eigene Frau gleichgültig ist.«

Das Essen überstand ich, indem ich einfach zuhörte. Jeder freute sich, mir mitzuteilen, mit was für einem großartigen Mann ich verheiratet sei und wie glücklich sie seien, daß er so oft an der Westküste sprechen könne. Ich biß mir auf die Zunge, um nicht zu verraten, was an der *Ostküste* vor sich ging, während David nicht zu Hause war, und hoffte, man werde mein Schweigen und das zur Schau getragene Lächeln als Zustimmung deuten, daß ich ihre Ansichten teile.

Sofort nach dem Essen ging David hinaus, wie er es immer tat, bevor er sprechen mußte. Ich wußte, daß er sich zurückgezogen hatte, um allein zu beten. *Er sollte auch lieber beten*, dachte ich. *Ohne Gottes Beistand wird er es kaum schaffen, das hier durchzuziehen.*

Obwohl ich mir nicht gemerkt hatte, wie spät es war, als David rausging, wurde mir immer mehr bewußt, daß er länger als gewöhnlich fortblieb. Der Moderator fing bereits an, unruhig zu werden, da kam David endlich zurück und bestieg das Rednerpult. *Wahrscheinlich hat er gemerkt, daß Gott einem Heuchler nicht zuhört*, dachte ich, als er mit seinem Vortrag begann. Doch er schien keine Schwierigkeiten beim Sprechen zu haben. Hin und wieder hatte ich das Gefühl, als schaue er mich, beinahe wie um Entschuldigung bittend, an.

Wenn er meint, ich würde einfach vergeben und vergessen, daß er weggegangen ist und mich meinem Schicksal überlassen hat, dann hat er sich gewaltig getäuscht, ärgerte ich mich im stillen. Völlig in meine »gerechte« Entrüstung und in mein Selbstmitleid versunken, hörte ich kaum, was er sagte. Was ich hörte, war der begeisterte Beifall, der auf seine Rede folgte, und aus Höflichkeit klatschte ich sogar mit. Als der Applaus verebbte, merkte ich, daß David bereits unterwegs in den Bürgersaal war, wo er in einer halben Stunde erneut predigen sollte. Ich hatte gehofft, um die Veranstaltung herumzukommen, indem ich Müdigkeit vorschützte, aber damit hätte ich den freundlichen Leuten, die als meine Gastgeber fungierten, Unannehmlichkeiten bereitet. So fand ich mich widerstrebend damit ab, zwei weitere Stunden Davids Image ausgesetzt zu sein.

Nach einer kurzen Autofahrt fand ich mich auf einem der vorderen Plätze in einem großen Vortragssaal mit vielleicht 5000 Menschen wieder. Sie alle waren gekommen, um eine Predigt über die Kraft und Liebe Gottes zu hören - gehalten von dem Mann, von dem ich mich scheiden lassen wollte. Viele Gesichter um mich herum waren noch jung - Gesichter von Teenagern, die nach Antworten auf die Probleme suchten, welche das Leben nun einmal mit sich bringt. Sie waren überzeugt, daß David Wilkerson einige dieser Antworten hatte, und ihre Gesichter strahlten vor Erwartung und Offenheit. Schon allein sie anzuschauen, rührte mich fast zu Tränen. Wie konnte David sie mit dem Einen bekannt machen, der Probleme löst, wenn er nicht in der Lage war, sich bei diesem Einen Hilfe für unsere Situation zu holen? Plötzlich war ich *sicher*, daß es ein Fehler gewesen war, hierherzukommen und ihn sprechen zu hören, aber das Programm hatte bereits begonnen, und es war zu spät, um mich heimlich zu verdrücken.

Was nun folgte, bleibt auf wunderbare Weise unerklärlich. Davids Predigt war an die jungen Leute gerichtet - eine ganz einfache Botschaft über die Liebe Jesu. Ähnliche Predigten hatte ich schon oft von ihm gehört. Es war nichts Außergewöhnliches an dem, was er sagte, oder der Art, wie er sprach. Obwohl ich nur mit halbem Ohr hinhörte, beobachtete ich ihn mit scheinbar gespannter Aufmerksamkeit. Plötzlich wurde mir bewußt, daß eine

Aura von Licht ihn umgab. Ich wußte, daß es sich hier um ein Werk Gottes handelte - eine Salbung des Heiligen Geistes auf diesem Mann, den ich in Gedanken schmähte.

Wie kann es sein, fragt ich mich, *daß der Herr ihn gebraucht, wo es doch in seinem persönlichen Leben ganz verkehrt läuft? Wie kann Gott jemand, der es gar nicht verdient hat, mit seinem kostbaren Heiligen Geist erfüllen?*

Dann gab Gott selber mir die Antwort auf meine Fragen. Das Leuchten, das David umgab, begann auch auf mich zu fallen, und ich wurde mir der ehrfurchtgebietenden Gegenwart Jesu bewußt. Ich wurde von Kopf bis Fuß in eine wunderbare Wärme eingetaucht, bis ich mich plötzlich vollkommen eins mit Gott fühlte.

Ich wußte, daß hier eine Heilung stattfand, obwohl ich nicht ahnen konnte, wie tiefgreifend diese Heilung sein würde. Doch als ich wieder zu David hinschaute, schaute er mich direkt an, und jener besondere Funke des Wiedererkennens sprang von neuem über. Der Heilige Geist wirkte ganz klar an uns beiden gleichzeitig. Die Tränen bahnten sich einen Weg über meine Wangen und tropften ungehindert auf mein Kleid, als ich zum erstenmal nach vielen Monaten anfing, Gott für seine Güte und Gnade zu preisen.

Wenige Augenblicke später beendete David fast abrupt seinen Vortrag. Ohne auf die Menge zu achten oder darüber nachzudenken, daß mein Verhalten vielleicht unpassend sei, rannte ich hinter die Bühne, um nach meinem Mann zu suchen. Er seinerseits lief bereits in Richtung Saal, um mich zu finden. Wir trafen uns auf halbem Weg und fielen einander stürmisch in die Arme. Lachend und weinend zugleich, benahmen wir uns wie zwei verliebte Teenager, die sich monatelang nicht gesehen haben - was, so schätze ich, im übertragenen Sinne durchaus auf uns zutraf.

Als wir schließlich merkten, was für ein Schauspiel wir den Augen des überraschten Veranstaltungsteams boten, riß David sich zusammen und verabschiedete sich höflich von den entsprechenden Personen. Arm in Arm und uns immer noch gegenseitig zulächelnd, beeilten wir uns anschließend, wieder ins Hotel zu kommen. Wir konnten es kaum erwarten, allein zu sein und unsere neugefundene Freude aneinander zu genießen. David nahm sogar den Telefonhörer ab und legte ihn neben den Apparat.

Wir verlängerten unseren Aufenthalt im Hotel um einige Tage und genossen die »zweiten Flitterwochen«, die uns so lange entgangen waren. Zu Anfang freuten wir uns ganz einfach über die Heilung unserer Ehe, ohne zu analysieren, was eigentlich genau passiert war. Wir wußten, daß Jesus für uns das getan hatte, was wir selber nicht hatten tun können: die Tür aufzuschließen zu der Liebe, die wir füreinander empfanden – jener Liebe, die er uns am Anfang geschenkt hatte und die niemals wirklich gestorben war.

Als es Zeit war, nach Hause zurückzukehren, waren wir wieder so weit zur Vernunft gekommen, daß wir objektiv über unsere Ehe sprechen konnten. Es war uns beiden klar, daß der Herr uns in seiner Gnade einen neuen Anfang geschenkt hatte. Doch nun erwartete er von uns, daß wir mit ihm zusammenarbeiteten, um sie so zu gestalten, wie er es haben wollte. Er machte uns bewußt, daß wir im letzten Jahr sehr viele Fehler gemacht hatten – wie auch in manchen Jahren davor. Wenn wir diese Fehler nicht korrigierten bzw. sie zu oft wiederholten, könnte das unsere Beziehung erneut kaputtmachen. Es war das erste Mal, daß wir überhaupt ernsthaft miteinander über unsere gemeinsame Verantwortung sprachen, dafür zu sorgen, daß unsere Ehe funktionierte.

Wir waren beide erschrocken, als wir feststellten, wie nahe jeder von uns daran gewesen war, unser Leben miteinander zu beenden.

»Als ich nach dem Essen wegging, um zu beten, befand ich mich in einem derartigen inneren Aufruhr hinsichtlich unserer Beziehung, daß ich beschloß, eine Maschine nach Mexiko zu besteigen und einfach alles aufzugeben«, gestand David mir. »Ich bin immer noch überrascht, daß Gott es geschafft hat, mich davon abzuhalten.«

Während ich versuchte, diese unangenehme Nachricht zu verdauen, erzählte ich David, wie entschlossen ich meinerseits gewesen sei, mich um eine Scheidung zu bemühen, sobald wir wieder auf Long Island wären. »Weißt du, Dave«, überlegte ich laut, »wenn Gott uns nicht gnädig gewesen wäre, hätte alles hier zu Ende sein können.«

»Genau so ist es«, pflichtete David mir bei. »Aber dieselbe Gnade, die uns Heilung geschenkt hat, dürfen wir auch in Anspruch nehmen, um in Zukunft den richtigen Weg zu finden.

Was wir im letzten Jahr gelitten haben, war bestimmt nicht ohne Sinn. Ich bin sicher, daß Gott uns dadurch eine Menge lehren will. Laß uns ihn doch jetzt gleich bitten, uns zu zeigen, was wir daraus lernen können.«

Wir fingen auf der Stelle an zu beten, Gott möge sein Licht auf die Probleme werfen, die uns beide betrafen. Die Heilung, die in Los Angeles begonnen hatte, sollte noch monatelang andauern. Wir hatten einen sehr großen Nachholbedarf.

»Ich weiß, daß meine Krankheit sehr viel mit unseren Problemen zu tun hatte«, erklärte ich David. »Aber ich kann mir beim besten Willen nicht vorstellen, wie sie sich hätte vermeiden lassen. Hätte ich die Totaloperation doch nicht vornehmen lassen sollen?« Ich war echt verwirrt, weil ich der Ansicht war, wir hätten gerade bei dieser Entscheidung noch sorgfältiger nach dem Willen Gottes gefragt als bei den vorhergehenden Operationen. Warum ich mich ausgerechnet dieses Mal nicht wieder hatte erholen können, war mir immer noch ein großes Rätsel.

»Ich weiß nicht, ob wir jemals wirklich wissen werden, warum diese Operation nötig war, Liebling«, gab David zur Antwort. »Ich bin mir aber nach wie vor sicher, daß es richtig war, sie vornehmen zu lassen. Es scheint mir jedoch, daß wir uns so an deine Krankheit gewöhnt hatten, daß sie sozusagen zur dritten Person in unserer Ehe geworden ist. Irgendwann habe ich dann vergessen, daß du meine Frau warst, die zufällig mehrmals hintereinander große gesundheitliche Probleme hatte. Ich fing an, dich als chronisch Kranke zu betrachten, und ich wette, daß du den gleichen Fehler begangen hast. Sobald wir aufgehört haben, deine Krankheit als vorübergehende Beeinträchtigung anzusehen, sie vielmehr als permanenten Teil unseres Lebens akzeptiert haben, haben wir ihr gestattet, unsere persönliche Beziehung zu diktieren. Wir dürfen es nie wieder zulassen, daß irgend etwas – gesundheitliche Probleme, Finanzen, die Kinder oder meine Arbeit – in unserer Ehe die erste Stelle einnimmt.«

Ich wußte, daß David recht hatte. Ich hatte tatsächlich angefangen, Erschöpfung und Reizbarkeit als etwas Permanentes anzusehen, was immer da sein würde und was bestimmte, was ich tun konnte und wie ich mich fühlte. Es war wirklich so, als ob sich ein »Dritter« zwischen David und mich geschoben hätte – ein widerlicher, übellauniger Dritter, der durch seine bloße Anwesenheit alles verdarb.

Es stimmte aber auch, daß Davids Arbeit ebenfalls ein Eindringling in unsere Ehe werden konnte, wenn wir nicht aufpaßten. Was das betraf, hatte ich über die Jahre durchaus meine Erfahrungen mit Eifersucht und Groll gemacht. Wir würden uns beide gewaltig anstrengen müssen, um das richtige Gleichgewicht in unserem Familienleben zu bewahren und die Prioritäten richtig zu setzen. Trotzdem war mir klar, daß David Gottes Diener war. Seit unserer ersten Begegnung hatte ich gewußt, daß er zu einem bestimmten Zweck von Gott berufen war. Ich war sicher, die Anforderungen seines Dienstes würden für uns kein Problem sein, wenn ich immer daran dächte, wer das eigentliche Oberhaupt unserer Familie war.

Als mir das klar wurde, gab ich David ganz bewußt wieder an Gott ab. Ich erkannte, daß ich dadurch, daß ich den ersten Platz in seinem Leben hatte haben wollen, tatsächlich versucht hatte, ihn von seinem Herrn zu trennen. Das Ergebnis war, daß es mir beinahe gelungen wäre, ihn von *mir* zu trennen.

Wir sprachen auch über die Tatsache, daß es mit meiner persönlichen »stillen Zeit« seit längerem bergab gegangen war. Als ich bemerkte, welche Distanz ich zwischen mich und meinen Heiland, der so viel für mich getan hatte, hatte kommen lassen, war ich wirklich erschrocken. Alles, was ich mir im Lauf meines Lebens an Disziplin angeeignet hatte, war durch meine Schuld in kürzester Zeit »den Bach runtergegangen«.

David versuchte zwar, die Verantwortung für meine »Rückfälligkeit« wenigstens zum Teil auf sich zu nehmen, weil er nicht darauf *bestanden* hatte, daß ich mit ihm zusammen die Bibel las und betete, aber ich wußte, daß ich auf diesem Gebiet ganz allein verantwortlich war für das, was ich tat oder nicht tat. An mir lag es, meine Prioritäten richtig zu setzen, und kein anderer trug die Schuld daran, daß ich es der »dritten Person«, der Erschöpfung, gestattet hatte, meine Beziehung zu Gott und zu meinem Mann zu beherrschen. Während David und ich Jesus um Vergebung baten, weil wir uns nicht *mehr* auf ihn und *weniger* auf unsere eigene Kraft verlassen hatten, verspürte ich die innere Gewißheit, daß ich mich nie wieder selbst von seiner Liebe und Kraft abschneiden würde.

In den Monaten nach unserer Rückkehr nahmen David und ich uns häufig Zeit für lange Gespräche über jeden Aspekt unseres Lebens und unserer Ehe. Dabei ging es auch um die Kinder, Sondra, meine Eltern und Davids Dienst. Jede Einzelheit unseres Lebens - egal, ob wir zusammen oder getrennt waren - wurde einer genauen Überprüfung unterzogen in dem Bemühen, irgendwelche Schwachpunkte in unserer Beziehung zu entdecken. Diese Untersuchungen erforderten viel Kraft und einen erheblichen Zeitaufwand, aber sie waren definitiv der Mühe wert. Der Herr zeigte uns, was wir wissen mußten und wie wir eine Wiederholung der Dinge, die uns im letzten Jahr so stark zu schaffen gemacht hatten, vermeiden konnten. Endlich arbeiteten wir *gemeinsam* an unserer wichtigsten Kapitalanlage - nämlich unserer Ehe. Es war eine Zeit großartiger Entdeckungen und großen inneren Wachstums.

Gemäß seinem eigenen guten Rat, uns gegenseitig über unseren Gesundheitszustand auf dem laufenden zu halten, sprach David schließlich mit mir über seine zunehmenden Probleme mit einem Magengeschwür. Dieses war zweifelsohne zum Teil durch den Streß, den er gehabt hatte, ausgelöst worden, zum Teil aber auch auf eine Neigung zurückzuführen, die er von seinem Vater geerbt hatte. Wir fingen an, mit- und füreinander zu Gott um körperliche Heilung zu beten, der uns bereits solch eine wunderbare geistliche Heilung geschenkt hatte.

Unsere Gebete um gesundheitliche Wiederherstellung für mich wurden sehr bald erhört. Nach und nach verschwanden Schwäche und Erschöpfung, und neue Lebenskraft erfüllte mich. Gleichzeitig lernte ich, meine Kräfte besser einzuteilen und Hilfe von Sondra und meiner Familie dankbar anzunehmen. Es allen Leuten recht zu machen, schien plötzlich weniger wichtig zu sein als mich zu schonen, damit ich genug Kraft hatte für die Möglichkeiten zum Dienst, die der Herr mir jeden Tag gab.

Während wir immer wieder neue Freude an unserer Ehe und unserem Heim fanden, waren David und ich mehr denn je ineinander verliebt. Daß wir nach 15 Jahren Ehe so glücklich zusammen waren und so begeistert voneinander, nachdem wir nahe daran gewesen waren, diese Ehe aufzulösen, war ein echtes Wunder. Egal, wo Jesus uns in Zukunft hinführen würde, wir wußten, daß wir eins in unserer Annahme seiner Berufung sein würden.

Dieses Bewußtsein kam auch kein bißchen zu früh, denn wieder standen wir vor der Tatsache, daß unser Leben eine ganz neue Richtung einschlagen sollte. Diesmal benutzte Gott *Davids* gesundheitliche Probleme dazu, uns die neue Tür, die er für uns öffnen wollte, erkennen zu lassen.

Ein Schritt nach dem anderen

KAPITEL 11

Während ich den Kindern zusah, die sich in unserem kleinen Schwimmbecken im Garten abkühlten, dachte ich mehr als einmal daran, es ihnen gleichzutun. Der schwül-heiße Tag ließ den Gedanken verlockend erscheinen, aber schließlich entschied ich doch, daß es zu mühsam wäre, ins Haus zu gehen und einen Badeanzug anzuziehen.

Dieser Swimming-pool war mein Vorschlag gewesen, als wir im vorigen Sommer von Kalifornien zurückgekommen waren, und David war sofort einverstanden gewesen. Der Sommer war auf Long Island gewöhnlich ziemlich kurz, aber dafür entsetzlich heiß und drückend. Nachdem unsere Beziehung auf solch wunderbare Weise wiederhergestellt worden war, empfanden David und ich die Notwendigkeit, unseren Kindern mehr Zeit und Aufmerksamkeit zu widmen. Der Pool war nur eines der greifbaren Ergebnisse.

Ich war überrascht und erfreut zugleich gewesen, als ich feststellte, wie schnell alle vier Kinder auf die Veränderung bei David und mir reagierten. Unmittelbar nachdem unsere Liebe zueinander neu erwacht war, bemerkten wir eine deutliche Verringerung ihrer Ängstlichkeit und inneren Anspannung – unserer Meinung nach die Widerspiegelung eines verstärkten Gefühls familiärer Geborgenheit. Innerhalb weniger Wochen hatten die Zankereien und die kleinlichen Konkurrenzkämpfe um Aufmerksamkeit fast gänzlich aufgehört. Ich war unendlich dankbar, daß keiner mich je an meine vergangenen Sünden übellauniger Kritiksucht erinnerte. Unser gesamtes Familienbild, das so lange verschwommen gewesen war, wurde durch die neu entflammte Liebe zwischen David und mir wunderbar wiederhergestellt. Jeden Tag pries ich den Herrn aufs neue für dieses besondere Wunder der Heilung.

Unsere einzigen noch verbliebenen Probleme schienen die gesundheitlichen zu sein. Davids Magengeschwür plagte ihn nach wie vor, und auch ich hatte meine volle Kraft noch nicht wiedererlangt. Trotzdem stellte ich eine ständige Besserung fest und wußte, daß ich mit der Zeit imstande sein würde, den Haushalt wieder ganz zu übernehmen. In der Zwischenzeit war ich dankbar dafür, daß Sondra noch bei uns war.

Als hätte sie meine Gedanken erraten, kam Sondra soeben mit zwei Gläsern Eistee aus dem Haus und setzte sich zu mir an den Gartentisch. »Wenn Sie sich ein bißchen ausruhen wollen, Frau Wilkerson, dann bleibe ich hier und passe auf die Kinder auf«, bot sie an, während sie im Schatten des Sonnenschirms Platz nahm. »Wird es Ihnen hier draußen nicht zu heiß?«

Ich lächelte Sondra zu, während ich den Tee entgegennahm, lehnte jedoch ihr Angebot, mich als »Bademeister« abzulösen, ab. Wieder einmal stellte ich mir die Frage, womit ich bloß die loyale, tüchtige Hilfe einer solchen Heiligen verdient hatte. Wenn ich daran dachte, wie schlecht ich sie während meiner Krankheit oft behandelt hatte, schämte ich mich zutiefst. Genau wie die Kinder, hatte auch Sondra mir vergeben und mein gehässiges Benehmen offenbar vergessen. Ich jedoch würde ihr ihre Geduld, Freundlichkeit und ihr Verständnis während jener schwierigen Zeit niemals vergessen. Vergelten konnte ich ihr das nicht. Aber eines war sicher: Sie würde bei uns ein Zuhause haben, solange sie dies wünschte, auch wenn ich ihre Hilfe einmal nicht mehr benötigen sollte. Sie hatte in schwerer Zeit zu uns gestanden, da war es nur recht und billig, wenn sie sich jetzt, da es uns besser ging, auch mit uns freuen durfte.

Da es ihr draußen sogar im Schatten zu heiß wurde, ging Sondra wieder in die klimatisierte Küche zurück, um das Abendessen vorzubereiten. Ich wollte mich vergewissern, daß Debbie den dreijährigen Greggy nicht aus den Augen ließ, und stellte fest, daß Gary bereits die Verantwortung dafür übernommen hatte, als seine Schwestern das Schwimmbecken verließen, um ein Sonnenbad zu nehmen. *Das ist ein weiterer Segen, den ich nicht verdient habe*, dachte ich, während ich zusah, wie Gary versuchte, seinem Bruder das Schwimmen beizubringen. *Welcher neunjährige Junge hätte wohl die Geduld, die er für Greggy aufbringt?* Gary war schon immer ein hilfsbereites Kind gewesen und hatte mir selten Probleme bereitet. Unsere Vorhersage, daß er der nächste Prediger in der Wilkerson-Familie sein würde, schien sich mehr und mehr zu bestätigen. Er besaß eine tiefe Gemütsruhe, die auf einer für sein Alter ungewöhnlichen Beziehung zu Gott basierte.

»Vorsicht, Gwen«, warnte ich mich selber. »Du bist dabei, wie eine stolze Mama zu denken.« Nun, *stolz* auf meine Kinder wollte ich zwar nicht sein, aber ich war wirklich *dankbar* für sie. Debbie und Bonnie, beide im frühen Teenageralter, entwickelten sich vor meinen Augen zu hübschen jungen Mädchen. Sie waren immer noch ziemliche Gegensätze, sowohl im Temperament als auch im Aussehen, aber trotzdem gute Freundinnen, die eine besondere Kameradschaft verband. Sie waren mir bereits eine große Hilfe im Haus und taten ihr möglichstes, um zu beweisen, daß sie Sondras Aufsicht nicht mehr brauchten.

Vielleicht brauchten sie sie ja wirklich nicht, Greggy aber dafür um so mehr! Er hatte die Energie und Begeisterung seines Papas geerbt; in dieser Hinsicht konnte ich im Augenblick mit ihm nicht mithalten. Eines Tages, als ich gerade gemerkt hatte, daß Greggy verschwunden war, rief meine Mutter an und teilte mir mit, daß er bei ihr sei – 14 Blocks entfernt! Er war mit seinem Dreirad dorthin gefahren, noch ehe ich wußte, daß er nicht mehr im Garten war. Wenn Sondra mir nicht helfen würde, Greggy im Auge zu behalten, würde es mich meine ganze begrenzte Kraft kosten, nur auf *ihn* aufzupassen.

David war in jenem Sommer wieder in Europa, da das Werk sich immer weiter ausbreitete. So sehr er das Fliegen fürchtete, hatte er doch den klaren Auftrag verspürt, der Einladung aus Übersee zu folgen und in mehreren großen Städten Europas evangelistische Versammlungen abzuhalten.

Der Gedanke an Davids Reisen ließ meine Sorge um seine Gesundheit neu erwachen. Sein Magengeschwür verschlimmerte sich jedesmal durch das Fliegen, und in diesem Jahr schien er fast mehr Zeit in der Luft verbracht zu haben als am Boden. Unser Hausarzt hatte ihn gewarnt, das Geschwür könne medizinisch nicht behandelt werden, wenn er nicht ernsthaft versuche, Streßsituationen zu vermeiden und wenigstens teilweise Entlastung in seiner Arbeit zu finden. Er hatte sogar vorgeschlagen, David solle einmal darüber nachdenken, ob er nicht die Verantwortung für das Teen-Challenge-Zentrum in Brooklyn ganz abgeben könne. »Wenn Sie nicht kürzer treten, werden Sie um eine Operation nicht herumkommen«, war seine letzte Warnung gewesen.

Ich fragte mich, ob David diesen ärztlichen Rat überhaupt beachtet hatte. Dabei hätte er ihn wirklich ernst nehmen *müssen*, denn sein Vater war an den Folgen eines Magendurchbruchs gestorben. Aufgeschreckt durch den Gedanken, mein Mann könnte ein ähnliches Schicksal ereilen, nahm ich mir fest vor, ausgiebig mit ihm über seine Gesundheit zu sprechen, wenn er in zwei Wochen heimkommen würde. Schließlich hatten wir beide versprochen, uns mehr umeinander zu kümmern, nachdem wir festgestellt hatten, welch negative Auswirkungen eine schwere Krankheit auf Ehe und Familie haben kann.

Der Gesundheitszustand meines Vaters bereitete mir ebenfalls große Sorge. Er war immer so kräftig und aktiv gewesen. Aber seit er und Mama vor zwei Jahren nach Long Island gezogen waren, schien er immer gebrechlicher zu werden, und seine Bewegungen wirkten unbeholfen. Auch Mama war besorgt darüber, aber sie konnte ihn nicht bewegen, zum Arzt zu gehen.

Was sind wir doch für ein störrischer Haufen, dachte ich. *Kein Wunder, daß der Herr auf solch drastische Weise mit uns umgehen muß!*

»Wann gibt's Abendessen, Mama? Wir sind am *Verhungern!*« Mit tropfnasser Badehose stand Gary vor mir und rubbelte sich mit einem Handtuch die Haare trocken. Neben ihm schwenkte Greggy sein Handtuch in einer lächerlich wirkenden Nachahmung seines großen Bruders.

»Frag Sondra«, schlug ich vor und half Greggy dabei, seine Haare trockenzureiben. »Vielleicht könnt ihr vorab eine Kleinigkeit essen, wenn ihr wirklich meint, sonst in den nächsten Minuten vor Hunger umfallen zu müssen.«

Mit dem Schwimmen schien es vorerst vorbei zu sein, und damit hatte auch das Träumen ein Ende. Ein Zeichen meiner geistlichen und seelischen Heilung war die Tatsache, daß ich diese verhältnismäßig ruhigen Zeiten schätzen gelernt hatte, in denen ich meine Gefühle sortieren und mir Gedanken über vergangene, gegenwärtige und zukünftige Entwicklungen im Leben meiner Lieben machen konnte. Die Annahme meiner momentanen Begrenzungen als Anzahlung für zukünftige gute Gesundheit hatte eingesetzt, als ich endlich Gott gegenüber zugab, daß er besser wußte als ich, was zur vollen Wiederherstellung nötig war. Meine zunehmende Spannkraft war der eindeutige Beweis für das Können des »Großen Arztes«.

Als David zwei Wochen später von seiner Europareise zurückkam, mußte ich Jesus jedoch um *noch mehr* Heilungskraft anflehen. Ein Blick genügte, um festzustellen, daß mein Mann Schmerzen hatte und daß die Reise stark an seinen Kräften gezehrt hatte. Er sah blaß und dünn aus, und auf seiner Stirn hatten sich etliche Falten tief eingegraben.

Er lächelte schwach, als ich ihn an der Tür mit einer Umarmung und einem Kuß begrüßte. »Na also, Gwen«, witzelte er, »dein ängstlicher Flieger ist sicher wieder daheim gelandet. Ein weiterer Sieg für die moderne Luftfahrt!«

»Hör mit dem Blödsinn auf«, erwiderte ich. »Du siehst fürchterlich aus, und ich werde umgehend einen Termin für dich beim Arzt ausmachen. Er wird dir ganz schön die Meinung sagen, weil du nicht auf seinen Rat gehört hast, langsamer zu treten und die Langstreckenflüge zu streichen.«

»Ich weiß, Liebling, ich weiß. Aber du hättest sehen sollen, wie wunderbar Gottes Geist in Übersee wirkt. Ich *mußte* einfach dorthin, das weißt du doch!«

»Egal – du *mußt* ganz einfach mehr auf dich achtgeben, sonst wird der Herr einen seiner getreuen Diener bald heimrufen!« In der Hoffnung, daß meine leichtfertige Bemerkung sich nicht als prophetisch erweisen werde, griff ich zum Telefon, um die Nummer unseres Hausarztes zu wählen. Davids Aussehen hatte mich mehr erschreckt, als ich ihm gegenüber durchblicken lassen wollte.

Der Arzt gab David unverzüglich einen Termin, untersuchte ihn gründlich und - wie ich es vorausgesagt hatte - tadelte ihn scharf. »Ich glaube zwar nicht, daß es etwas nützt, wenn ich Ihnen dies sage«, seufzte er, als er mit seiner Untersuchung fertig war, »aber wenn Sie sich nicht aus Flugzeugen heraushalten und einen Teil Ihrer Aufgaben an andere Leute delegieren, wird das Geschwür eines Tages anfangen zu bluten. Vielleicht bricht es sogar durch, und Sie landen tatsächlich auf dem Operationstisch.«

Die gleiche Warnung hatte David schon bei der letzten Untersuchung gehört, aber ich merkte, daß sie ihn diesmal tief traf. Er fing an, über die Möglichkeit nachzudenken, die Verantwortung für das Zentrum in Brooklyn seinem Bruder Don zu übertragen und unsere Operationsbasis an die Westküste zu verlegen.

»Ich sehe, daß mein Dienst sich in der Zukunft vielleicht mehr auf die Hippies und Jesus People konzentrieren wird, mit denen wir es in Anaheim zu tun hatten«, vertraute er mir an. »Dann ist da noch ein anderer Gedanke, der immer mal wieder in meinem Kopf auftaucht - ein Ausbildungszentrum für Leute, die das Teen-Challenge-Programm durchlaufen haben und mit einer eigenen Arbeit beginnen möchten. Vielleicht will der Herr mich wirklich aus dem Betrieb in Brooklyn herauslösen, und dieses Magengeschwür kommt nur daher, daß ich nicht bereit bin loszulassen.«

Von nun an beteten wir ernstlich um Gottes Führung bezüglich unseres nächsten Schrittes. Ich wußte, wie schwer es David fiel, die Arbeit, die er in New York begonnen hatte, abzugeben - selbst an jemand, der ihm so nahe stand wie Don. Doch wurde uns beiden sehr bald klar, daß dies wirklich Gottes Wille war. *Das Kreuz und die Messerhelden* hatte eine viel größere Leserschaft gefunden als ursprünglich angenommen, und Davids »Schäfchen« waren längst nicht mehr nur die verlorenen und verwirrten Jugendlichen in den Ghettos von New York. Es war offensichtlich, daß er auf die Dauer nicht beides konnte: seinen erweiterten Dienst fortführen und gleichzeitig die Aufsicht über das Teen-Challenge-Zentrum in Brooklyn behalten.

Nachdem David zu dieser Erkenntnis gekommen war, fing er an, zielstrebig auf sein letztendliches Ausscheiden aus dem Zentrum hinzuarbeiten. Es war jedoch nicht einfach, sich aus seinen verschiedenen Verpflichtungen in New York zu lösen. Beinahe zwei Jahre vergingen, ehe er schließlich den größten Teil seiner Verantwortung in Brooklyn abgeben konnte.

Während dieser Zeit beobachtete ich, wie sich der Gesundheitszustand meines Vaters immer mehr verschlechterte, bis eine normale Verletzung schließlich die Aufmerksamkeit des Arztes erregte. Sobald die Diagnose ALS (Amyotrophe Lateralsklerose, oft auch als Lou Gehrigs-Krankheit bezeichnet) feststand, schien es immer schneller mit ihm bergab zu gehen. Seine Pflegebedürftigkeit wurde bald so groß, daß meine Mutter sie nicht mehr bewältigen konnte, obwohl ich versuchte, ihr soviel wie möglich unter die Arme zu greifen. Schließlich zogen meine Eltern nach Forest Hills zurück, wo alte Freunde und Verwandte Mutter die benötigte Hilfe zukommen lassen konnten.

Kurz vor unserem Umzug nach Kalifornien erfuhren wir, daß Sondra nicht mit uns gehen würde. Sie hatte sich mit einem feinen jungen Mann verlobt, den sie in der Gemeinde kennengelernt hatte. Wir waren inzwischen ihre Familie, und so war es mein Vorrecht, ihr bei den Hochzeitsvorbereitungen zu helfen. Nach allem, was sie für mich getan hatte, war ich dankbar für diese Möglichkeit, wenigstens einen kleinen Teil meiner Liebe und Wertschätzung zum Ausdruck bringen zu können.

Sondras Hochzeit fand im Sommer 1970 statt, kurz bevor wir unser Haus auf Long Island verkauften. David brannte darauf, in der Arbeit Fuß zu fassen, die an der Westküste auf ihn wartete, und hatte bereits ein Haus für uns in Irvine/Kalifornien gefunden. Wir wollten gerne im Spätsommer umziehen, damit unsere Kinder im Herbst in ihrer neuen Schule anfangen konnten.

Die Kinder waren nicht allzu begeistert über diesen Umzug. Debbie würde in die Oberstufe kommen und konnte sich nicht vorstellen, Freunde zu finden, die so nett waren wie die auf Long Island. Selbst Greggy gefiel der Gedanke gar nicht, ohne seinen besten Freund Guy mit dem Kindergarten zu beginnen. Trotzdem war allen Kindern klar, daß ihr Papa dorthin gehen mußte, wo Gott ihn haben wollte. Ich erklärte ihnen, daß sie es Papa leichter machen könnten, indem sie bereitwillig mitmachten, und sie gingen alle sehr gut darauf ein.

Ich selbst war auch nicht gerade scharf darauf, die Freunde, die wir im Lauf der Jahre in New York gefunden hatten, verlassen zu müssen. Außerdem wuchs in meinem Herzen die Überzeugung, daß Kalifornien nicht auf Dauer unser Zuhause sein würde. David gegenüber erwähnte ich nichts von dieser Empfindung. Kalifornien schien für ihn momentan der richtige Platz zu sein, und ich war bereit, mich seiner Führung anzuvertrauen, so wie ich es immer getan hatte. Wir konnten immer nur einen Schritt zur Zeit tun. Aber wenn meine Ahnung richtig war, würde der nächste Schritt nicht lange auf sich warten lassen - und er würde in eine neue Richtung gehen.

Der nächste Schritt

KAPITEL 12

Meine Ahnung sollte sich tatsächlich als richtig erweisen. Wir wohnten nicht einmal ein Jahr in Irvine, und ich lebte mich in der ganzen Zeit nie richtig ein. Das lag bestimmt nicht an der Gegend. Wir alle liebten das Klima dort in Südkalifornien, die ruhige Umgebung, das hügelige Weideland und unser modernes, zweckmäßiges Farmhaus mit dem Ziegeldach nach spanischem Vorbild. Wir fühlten uns in unserem neuen Heim wohl und auch durchaus zu Hause, aber es fehlte das Gefühl des Dauerhaften. Ich hatte fast den Eindruck, ich sollte meine Koffer gar nicht erst auspacken, weil David jederzeit heimkommen und mir eröffnen konnte: »Jesus ruft uns woandershin, Liebling. Es ist Zeit weiterzuziehen.«

Als ich, nur wenige Monate nach unserem Umzug nach Irvine, tatsächlich meine Koffer packte, geschah das deshalb, weil der Herr meinen Vater heimgerufen hatte. Ich flog zur Beerdigung nach Pennsylvania und blieb einige Wochen bei Mama, um ihr zu helfen, sich auf den Verlust einzustellen. Als es Zeit wurde, nach Kalifornien zurückzukehren, kamen zu dem Schmerz, mich von Mama trennen zu müssen, noch starke Schuldgefühle hinzu. Ich wünschte mir sehnlichst, mehr in ihrer Nähe zu wohnen, um ihr den Trost und die Hilfe zu geben, die sie mir so oft in der Vergangenheit hatte zuteil werden lassen. Das einzige, was ich tun konnte, war, ihr das Versprechen abzunehmen, daß sie uns sobald wie möglich einen *ganz langen* Besuch abstatten würde.

Meine innere Unruhe wurde durch die Tatsache verschlimmert, daß David nach wie vor sehr viel fliegen mußte, obwohl er eine fast krankhafte Angst davor hatte. Diese Art des Reisens war die unabdingbare Voraussetzung dafür, evangelistische Veranstaltungen durchzuführen – die Art von Dienst also, die Davids besondere Begabung war. Außerdem waren in letzter Zeit überall im Land und sogar rund um die Welt viele neue Teen-Challenge-Zentren entstanden. David konnte keinem von diesen einen Besuch abschlagen, wenn seine unterstützende Anwesenheit benötigt wurde. Seine Reisen nach New York zwecks Besprechungen im Teen-Challenge-Zentrum in Brooklyn fanden sogar häufiger statt als früher, weil die Filmversion von *Das Kreuz und die Messerhelden* dort vor Ort gedreht wurde. Quer durchs ganze Land mit dem Zug oder Bus zu reisen, wäre, selbst für David, kaum weniger beschwerlich gewesen als die verhältnismäßig schnellen Flugreisen.

Außerdem versuchte er, soviel Zeit wie möglich mit seiner Familie zu verbringen. Da er seine Reisen nicht aufgeben konnte und die Zeit zu Hause nicht aufgeben *wollte*, befand er sich in einem echten Dilemma. Wenn er seine Furcht vor dem Fliegen nicht los wurde, würde er, wie es den Anschein hatte, ständig seine Gesundheit in Gefahr bringen, weil er immer wieder dieser schweren seelischen Belastung ausgesetzt war. Ich war sicher, daß der Herr noch nicht mit ihm zu Ende geredet hatte hinsichtlich des Ortes, wo das Werk schlußendlich stationiert sein sollte.

Als ich endlich Gelegenheit fand, mit David über meine innere Unruhe zu sprechen, stellte ich fest, daß er meine Besorgnis teilte. »Weißt du, Gwen«, vertraute er mir an, »ich weiß einfach nicht, *was* der Herr mir durch diese Phobie zeigen will. Ich habe ihn um Heilung gebeten, und es sind wohl schon Hunderte von Gebeten zu ihm aufgestiegen mit der Bitte, mich von dieser Last zu befreien. Oft sind die Mitarbeiter während des gesamten Fluges damit beschäftigt, mir gut zuzureden. Aber mein Magen krampft sich jedesmal zusammen, bis die Maschine wieder gelandet ist. Was will der Herr von mir?«

Wir wußten beide, daß Gott in den »schlechten« Erfahrungen unseres Lebens nicht weniger an der Arbeit ist als in den offensichtlichen Segnungen, die er uns schickt. Das sagt die Bibel ganz klar, besonders in der Verheißung in Römer 8,28, die wir schon so oft für uns in Anspruch genommen hatten. Der Glaube, daß Gott dem Leid, das uns im Leben begegnet, tatsächlich einen Sinn gibt, war zu einer tiefen persönlichen Überzeugung geworden, nachdem wir durch große Widerwärtigkeiten hindurch zu einem neuen, wunderbaren Verständnis von Ehe gelangt waren. Trotzdem war es uns bis jetzt nicht gelungen, seine spezielle Absicht hinter Davids Flugangst und den Magengeschwürsymptomen zu erkennen. Offensichtlich war die Botschaft, die sich dahinter von Gottes Seite her verbarg, noch nicht zu uns durchgedrungen. Gemeinsam begannen wir also, noch ernstlicher zu beten, der Heilige Geist möge uns die Ohren für Gottes Stimme öffnen. Wie so oft, kam auch hier die Antwort auf unsere Gebete wieder in einer Weise, die wir uns selber nicht ausgesucht hätten.

David war dienstlich in Kanada gewesen und hatte, wie üblich, den größten Teil der Reise per Flugzeug zurückgelegt. Auf dieser Reise schien »das, wovor ihm bangte« (um mit dem guten, alten Hiob zu sprechen), ihm gefährlich nahe zu kommen. Schlechtes Wetter und ein rauher Flug endeten mit einer Notlandung, bei der alle Insassen nur knapp an der Katastrophe vorbeischrammten. Als David totenblaß, entkräftet und zusammengekrümmt vor Schmerzen nach Hause kam, waren seine ersten Worte: »Nie wieder! Jetzt ist endgültig Schluß! Das war das letzte Mal, daß ich in ein Flugzeug gestiegen bin!« Das klang so bestimmt, daß ich es wirklich geglaubt hätte, wenn ich das gleiche nicht schon sehr oft von ihm gehört hätte. Diesmal jedoch untermauerte er sein Argument dadurch, daß er in Ohnmacht fiel.

Ein Blick in sein aschfahles Gesicht ließ mich zum Telefon rennen, um einen Krankenwagen zu rufen. Im Krankenhaus der nahe gelegenen Stadt Santa Ana stellte man fest, daß das langmütige Magengeschwür schließlich doch angefangen hatte zu bluten, wie unser Arzt in New York es vorausgesagt hatte. David hatte bereits eine Menge Blut verloren, und das Geschwür blutete immer noch. Eine Operation war nicht zu vermeiden, aber David war zu blutarm, um sie sofort vornehmen zu können.

Die nächsten Tage waren Tage der Angst. Während David durch Bluttransfusionen und intravenöse Therapie auf die Operation vorbereitet wurde, verbrachten die Kinder und ich, wie auch Davids Mitarbeiter und Freunde, sehr viel Zeit im Gebet. David und ich versuchten, uns mit ermutigenden Worten und gemeinsamem Gebet gegenseitig zu stützen, aber die Umstände machten es schwierig, zum Frieden Gottes durchzudringen.

Die Umkehrung unserer früheren Rollen als Patient und mitfühlender Ehepartner ließen uns beide ganz neue Perspektiven gewinnen. Ich stellte fest, daß ich mehr Angst um David hatte, nun, da sein Leben und seine Gesundheit bedroht waren, als ich um mich selber ausgestanden hatte. Davids Einstellung in bezug auf den Ausgang der ganzen Sache war wesentlich positiver als meine, und er sah die Notwendigkeit einer Operation auch ein – aber er war absolut kein einfacher Patient. Er ärgerte sich über sich selber, weil er nicht imstande gewesen war, diese Unterbrechung seiner Arbeit zu verhindern, und konnte es fast nicht ertragen, so viel unnütze Zeit verstreichen zu lassen, bis er in der richtigen körperlichen Verfassung für eine Operation war. Die Beruhigungsmittel, die er bekam, wirkten manchmal so, daß er verwirrt oder irrational war und man nicht vernünftig mit ihm über seinen Krankenhausaufenthalt sprechen konnte. Kurz, David besaß einfach nicht das richtige Temperament, um bettlägerig zu sein.

Nach scheinbar endlosen Tagen der Sorge wurde die Operation durchgeführt – und sie war so erfolgreich, daß es fast eine Antiklimax war. Jetzt, da die Tage des Wartens und die Operation hinter ihm lagen, war David wie verwandelt. Er erzählte mir später, daß ihm, als er aus der Narkose aufwachte, die Worte aus 1. Korinther 10,13 durch den Kopf gingen:

> *Keine Versuchung hat euch ergriffen als nur eine menschliche; Gott aber ist treu, der nicht zulassen wird, daß ihr über euer Vermögen versucht werdet, sondern mit der Versuchung auch einen Ausweg schaffen wird, so daß ihr sie ertragen könnt.*

David benutzte die Tage der Genesung dazu, ausgedehnte Zeiten der Gemeinschaft mit dem Herrn zu haben, in denen er Gott für seine Treue dankte, mit Jesus über seine Pläne für uns sprach und den Heiligen Geist bat, ihm den »Ausweg« zu zeigen.

Bei einem meiner Besuche kurz nach der Operation fand ich David über das ganze Gesicht strahlend vor. Er brannte offensichtlich darauf, mit mir zu reden. Er wartete nicht einmal ab, bis ich mich gesetzt hatte, sondern platzte sofort heraus: »Gwen, ich weiß jetzt, wo der Herr uns haben will! Wir ziehen nach Texas, und ich reise von nun an mit dem Bus. Was meinst du *dazu*?«

Ich fand es prima. Es war eine Bestätigung meines Gefühls, daß unsere Umzieherei noch nicht zu Ende war. Trotzdem konnte ich mir die Frage nicht verkneifen: »Wieso Texas? Was ist in Texas so besonders?«

»Es geht nicht darum, was *in* Texas ist, Liebling. Es geht darum, *wo* Texas liegt.« Dann erklärte er mir genau, auf welche Weise Jesus ihm seinen Plan geoffenbart hatte.

»Als ich den Herrn fragte, was für einen Ausweg vom Fliegen er für mich geschaffen habe, zeigte er mir einen Autobus. Daraufhin fragte ich ihn, wie ich es denn vermeiden könne, noch länger als sonst von zu Hause fort zu sein, wenn ich auf diese Weise reisen würde, und er brachte mir Texas in den Sinn. Wenn wir unser Werk dorthin verlegen, kann ich per Autobus die eine oder andere Küste erreichen, ohne wesentlich länger auf der Straße zu sein, als ich jetzt für den Flug quer durchs Land brauche. Und in die Zentralstaaten zu gelangen, wird ein Klacks sein.«

Davids Begeisterung und seine Bemühungen, diese mit mir zu teilen, hatten seine Kräfte verbraucht. Erschöpft lehnte er sich in die Kissen zurück und studierte ein wenig besorgt mein Gesicht. »Was meinst du, Liebling? Bist du bereit, noch einmal umzuziehen?«

Ich war mehr als bereit, ich war hoch erfreut. Als David seine Besorgnis darüber äußerte, wie wohl seine Mitarbeiter auf einen neuerlichen Umzug reagieren würden, war ich diejenige, die darauf hinwies, daß, wenn Jesus ihn so führe, *er* sich gewiß auch um dieses Problem kümmern werde. Mein persönlicher Eindruck war, daß David den Herrn richtig verstanden hatte.

David wurde fünf Tage nach seiner Operation aus dem Krankenhaus entlassen und nahm zwei Wochen später die Arbeit wieder auf – viel früher, als die Ärzte ihm geraten hatten. Als er den

Mitarbeitern von seinem Ruf nach Texas erzählte, waren alle bereit mitzugehen, wenn Gott ihn so führe. Und das gesamte Evangelisationsteam stürzte sich umgehend in die Vorbereitungen, das Werk nach Dallas zu verlegen.

Die Männer zogen als erste los, um ein Büro, ein Haus für jede Familie und ein geeignetes Fahrzeug für das Team zu suchen. Die Mühelosigkeit, mit der alle Einzelheiten vonstatten gingen, machte uns um so gewisser, daß der Herr selbst hinter diesem Umzug von Davids Arbeit stand.

Diesmal waren unsere Kinder in ihrer Reaktion auf den Wechsel in zwei gleich große Lager gespalten – die Jungen total dafür, die Mädchen weit weniger begeistert. Entgegen Debbies Erwartungen hatten sie und Bonnie in Kalifornien viele neue Freunde gefunden und waren ständig in irgendwelche Gruppenaktivitäten involviert – Schwimmen, Tennis, Reiten und was man sich sonst noch denken kann. Gary war wie immer bereit, dorthin zu gehen, wohin sein Papa sich geführt sah, und Greggy war glücklich, von dem Ort wegzukommen, wo er seine erste Begegnung mit Schule gehabt hatte.

Egal, wie die Kinder fühlten, sie wußten, daß es im Grunde keine Diskussion darüber gab, daß wir dort wohnen würden, wohin David gerufen war. Auch wenn Gottes Pläne vielleicht manchmal nicht mit unseren eigenen Plänen übereinstimmten, so wußten wir doch alle um die Wichtigkeit, seiner Führung zu folgen. Mit unterschiedlicher Begeisterung, aber einmütig in ihrer Kooperation, packte also die gesamte Wilkerson-Familie aufs neue ihre Siebensachen, um den nächsten Schritt zu unternehmen – von Irvine in Kalifornien nach Dallas in Texas.

Das verheißene Land?

KAPITEL 13

Unser Umzug nach Dallas fand am 4. Juli 1971 statt – ein Datum, das man sich leicht merken kann (amerikanischer Unabhängigkeitstag). Es folgten sechs Jahre, angefüllt mit neuen Freunden, wunderbaren Überraschungen und freudigen Familienereignissen. Der Umzug nach Texas schien ein verhältnismäßig kleiner Glaubens- und Gehorsamsakt zu sein, verglichen mit früheren Schritten, die wir unternommen hatten, aber die Belohnung kam diesmal prompt und war sehr deutlich. Wir verspürten nicht nur den besonderen Frieden Gottes, der einen erfüllt, wenn man seiner Führung folgt, auch persönlich wurden wir in überreichem Maß gesegnet. Mein Becher floß wirklich über.

Davids Arbeit erstreckte sich mittlerweile rund um den Globus und erreichte junge Leute unterschiedlichster Herkunft mit einem breiten Spektrum von Bedürfnissen. Weil dieser Dienst die Hippies, die Junkies und auch die »Braven« einschloß, starteten David und die Mitarbeiter unter Gebet ein völlig neues Unternehmen, dem sie den Namen »World Challenge« gaben und das von der Teen-Challenge-Arbeit getrennt war. Die Mitarbeiter hatten in der Folge mehr zu tun denn je, und die Einladungen zum Sprechen und Evangelisieren, die David erhielt, nahmen an Zahl weiter zu. Der Herr segnete das Werk durch viele handfeste Beweise, und ich war erleichtert zu sehen, daß David wieder Freude an seiner Arbeit hatte.

Mit dem Kauf des Autobusses, den David bei seinem Krankenhausaufenthalt im Geist gesehen hatte, änderte sich seine Einstellung zum Reisen total. Dieses Fahrzeug wurde für ihn zu einem bequemen Büro auf Rädern, in dem er studieren, beten und Bücher schreiben konnte. Auf *Das Kreuz und die Messerhelden* folgten *Zwölf Engel aus der Hölle*, *Das kleine Volk* und *Get Your Hands Off My Throat*, und David hatte noch viele andere Buchideen. Das Reisen, das für ihn früher viel vergeudete Zeit sowie große Qual und Frustration bedeutet hatte, bot ihm nun lange, ungestörte Stunden, um diese Ideen zu Papier zu bringen. Und seit er den Streß des Fliegens los war, war David gelöster, sein Gesundheitszustand besser, und die Schmerzfalten auf seiner Stirn glätteten sich.

Der Umzug nach Texas leitete auch ein neues Zeitalter in unserem Familienleben ein. David tat sein Bestes, nicht mehr als zehn Tage pro Monat unterwegs zu sein; folglich verbrachte er mehr Zeit zu Hause, als wir es seit Philipsburg gewohnt gewesen waren. Die ganze Familie freute sich darüber! Wir wohnten in einem gemütlichen Farmhaus am Stadtrand von Dallas, das bald zum Standquartier für unsere vier Kinder und alle ihre Freunde wurde. Wir genossen das lebhafte Treiben der Jugend um uns herum, und ich war dankbar für Davids feste Hand, die in diesen entscheidenden Jahren, in denen unsere drei älteren Kinder erwachsen wurden, das Ruder führte.

Manchmal konnte ich es wirklich kaum glauben, wie schnell die Kinder groß wurden! Bonnie feierte ihren High-School-Abschluß und ließ Anzeichen von schriftstellerischer Begabung erkennen - besonders für Kinderbücher. Für Gary war es nie eine Frage gewesen, daß er einmal in den geistlichen Dienst eintreten würde. Er war sich nur noch nicht im klaren darüber, welche Bibelschule er nach seinem High-School-Abschluß besuchen sollte. Sogar Greg hatte die Schule inzwischen als eine der zwar anstrengenden, aber notwendigen Tatsachen des Lebens akzeptiert und erwies sich als wirklich guter Schüler. Doch es war Debbie, durch die uns am meisten bewußt wurde, wie schnell die Zeit verging. 1974 lernte sie einen gut aussehenden jungen College-Studenten mit Namen Roger Jonker kennen, und zu Weihnachten gaben sie ihre Verlobung bekannt.

Während wir miterlebten, wie unsere Kinder den Übergang vom Kind zum jungen Erwachsenen ohne die großen Umwälzungen, die für Jugendliche eigentlich normal sind, schafften, wurden unsere Herzen mit Dank zu Gott erfüllt. Wir hatten seine Führung und Gnade in den Jahren ihres Heranwachsens erfleht, und er hatte beides in überreichem Maß geschenkt. Mitzuerleben, wie unsere Kinder neue Wege gingen, den Blick auf Jesus gerichtet und mit dem Glauben, daß er sie recht leiten werde, war ein unvergleichlicher Segen.

Doch der Herr hatte noch weitere Segnungen für uns auf Lager – obwohl die größte von diesen für mich zunächst eher eine Prüfung zu sein schien.

Anders als in Kalifornien, war Dallas für mich sofort, nachdem wir unsere Sachen ausgepackt hatten, Heimat gewesen. Deshalb hatte ich auch keinerlei Interesse daran, nochmals umzuziehen. Als David zum erstenmal dieses Thema anschnitt, kurz nach der Bekanntgabe von Debbies Verlobung, war ich darauf absolut nicht vorbereitet.

Es war an einem Abend nach dem Essen – die Kinder hatten sich verzogen, um ihren individuellen Interessen nachzugehen –, und wir beide unterhielten uns über die Evangelisation, die er in der letzten Woche gehalten hatte. Plötzlich wechselte David das Thema. »Weißt du, Gwen«, fing er an, »ich habe mich immer danach gesehnt, auf einer Farm oder Ranch zu leben.«

Das war für mich an sich nichts Neues. Ich wußte, wie sehr David das offene Gelände liebte, doch ein Leben auf dem Lande schien angesichts der Art seiner Arbeit kaum ernsthaft in Betracht zu kommen. Ich sagte also nichts, sondern wartete ab, worauf mein Mann hinauswollte. Nach einer Pause fuhr er fort:

»Seit wir in Dallas wohnen, habe ich immer das Gefühl gehabt, daß eine Ranch nun für uns in Frage kommen könnte – eine ganz bestimmte Art von Ranch.« Als er sah, wie mir der Unterkiefer herunterfiel, kam David dem erwarteten Protest zuvor, indem er hastig sagte: »Nein, warte, Liebling! Laß mich ausreden!«

Ich merkte, daß es ihm absolut ernst war, und hielt den Mund.

David fuhr fort: »Außerdem habe ich den Eindruck gewonnen, daß es an der Zeit ist, den Traum zu realisieren, den ich schon seit langem hege: Ich möchte eine Schule für junge Leute, die das Teen-Challenge-Programm durchlaufen haben, eröffnen, in der sie für den Dienst im Reich Gottes ausgebildet werden können. Des weiteren hat Gott im letzten Jahr angefangen, mir Dinge zu zeigen, die in naher Zukunft in wirtschaftlicher und politischer Hinsicht auf uns zukommen werden. Du hast *Die Vision* ja selber gelesen, also weißt du, was ich meine.«

Ich nickte. Ich hatte sein neuestes Buch gelesen, in dem es um die aktuelle Erfüllung endzeitlicher Prophetien ging, verstand aber nicht, was dies mit einer Ranch zu tun haben sollte.

Schließlich kam David zum Punkt: »Ich werde innerlich mehr und mehr gedrängt, unsere Arbeit zu konsolidieren, sie unabhängig und schuldenfrei zu machen. Ich glaube, daß der Weg, dies zu verwirklichen, darin liegt, daß wir alle zusammen auf eine Ranch ziehen - das gesamte World-Challenge-Unternehmen.«

Ich konnte nicht länger an mich halten. »Ich nehme an, du hast die Ranch bereits gefunden?« Mein Tonfall verriet die Skepsis, die ich empfand.

»Tja, also, du hast recht«, gab David zu. »Sie liegt elf Kilometer westlich von Lindale, ungefähr eine Stunde Autofahrt von hier. Der Haken an der Sache ist nur, daß der Mann, dem sie gehört, sie gar nicht verkaufen will - bis jetzt.«

»Und du hast ihm nicht gesagt, daß es Gottes Wille ist, daß du sie kaufst?« fragte ich, wobei meine Stimme nur so von Sarkasmus triefte. »Er weiß doch *bestimmt,* wer David Wilkerson ist!«

»Nein, das weiß er nicht - und ja, ich *habe* ihm gesagt, daß ich glaube, daß der Herr mich zu ihm geführt hat. Alles, was wir jetzt tun müssen, ist beten und abwarten.«

Die letzten Worte wurden mit einer ruhigen Zuversicht ausgesprochen, die kaum meiner eigenen Gemütslage entsprach. Wo war Lindale? Und wer brauchte eine Ranch, wo wir doch in Dallas so glücklich waren? Ich gab mir große Mühe, meine wachsende Bestürzung zu verbergen, aber David kannte mich zu gut, um nicht zu merken, was mein plötzliches Schweigen bedeutete.

»Warte nur, bis du sie zu Gesicht bekommst, Liebling«, meinte er besänftigend. »Du wirst bestimmt verstehen, was ich meine, wenn du sie erst selber siehst.«

Als David einige Wochen später die Papiere zum Kauf der 145 Hektar großen Ranch unterzeichnete, befanden sich sowohl der Besitzer als auch ich in einer Art Schockzustand. Er konnte es nicht ganz glauben, daß er tatsächlich im Begriff war, sein Eigentum zu verkaufen, und ich hatte noch nicht begriffen, daß erneut ein Schild mit der Aufschrift »Zu verkaufen« vor unserem Haus aufgestellt worden war.

Mein erster Anblick der Twin Oaks Ranch, nur wenige Tage bevor der Verkauf endgültig wurde, hatte zunächst wenig zu meiner Beruhigung beigetragen. Gewiß, die Landschaft war malerisch: grüne Hügel, übersät mit Teichen und einem Meer von leuchtend bunten, wild wachsenden Texasblumen. Aber das war auch alles. Der Besitzer betrieb auf dem Gelände eine Wels-Fischzucht und wohnte selber in einem Caravan. Es gab weder irgendwelche Gebäude noch sonst etwas dort – nur eine schöne Aussicht.

Doch auch hier wieder war meine Sichtweise mangelhaft. In diesen Rohmaterialien erblickte David bereits ein vollständiges Gemeinwesen, das nur darauf wartete, sich zu entfalten. Während wir über das Gelände gingen, zeigte er mir, wo die einzelnen Gebäude stehen würden.

»Hier werden wir mein privates Büro bauen und dahinter einen kleinen Teich anlegen. Das Bürogebäude kommt direkt daneben, und dort drüben werden die Versandabteilung und das Lager stehen.«

Er redete und redete, zeigte mir, wo die Schulgebäude hinkommen würden, wo ein paar zusätzliche künstliche Teiche angelegt werden sollten, und schließlich kamen wir zu dem Hügel, auf dem unser Haus stehen würde sowie zwei kleinere Häuser für unsere beiden Mütter. Meine Mutter wohnte immer noch in Forest Hills, und die einzige Möglichkeit, sie davon zu überzeugen, daß sie nach Texas kommen sollte, war das Versprechen unsererseits, daß sie ihre eigene Wohnung haben würde, getrennt von der unseren. Davids Mutter war seit der New Yorker Zeit eng mit der Arbeit verbunden, aber auch sie wollte ihre Selbständigkeit behalten.

Während David mir weiter seine Pläne für die Entwicklung der Ranch darlegte, steckte er mich mehr und mehr mit seiner Begeisterung an, bis auch ich seine Überzeugung, daß dieses Unternehmen vom Geist Gottes inspiriert war, zu teilen begann. Als wir schließlich auf der Rückfahrt nach Dallas waren, war ich genauso begeistert über unser zukünftiges Zuhause wie er.

Nachdem der Kaufvertrag unterschrieben war, ging alles so schnell, daß ich lange Zeit überhaupt keine Gelegenheit hatte, mir Gedanken über meine Gefühle zu machen. Unser Haus in Dallas war schneller verkauft, als wir erwartet hatten. Da unser Heim auf Twin Oaks bislang lediglich auf dem Papier existierte, hieß es zunächst von einem komfortablen 7-Zimmer-Haus in einen 17 Meter langen Wohnwagen auf dem Ranchgelände umziehen. Das meiste von unserem Hausrat mußte eingelagert werden - und ich stellte sehr bald fest, daß die Dinge, die unsere Familie am dringendsten brauchte, im Lagerhaus gelandet waren.

Kurz nachdem wir in den Wohnwagen gezogen waren, wurden Debbie und Roger in Dallas getraut. Die Hochzeit fand genau an unserem 23. Hochzeitstag statt, dem 14. Juni 1975. Debbie und mir machte es riesigen Spaß, das große Ereignis zu planen und vorzubereiten, und die gemeinsamen Einkaufstouren sowie die Fahrten hin und her zwischen der Ranch und Dallas schmiedeten uns in den letzten Wochen, bevor meine Erstgeborene vor den Traualtar trat, noch enger zusammen. Debbies großer Tag war vielleicht ein bißchen aufwendiger als meiner damals, aber nicht weniger bedeutungsvoll. Und diesmal achteten David und ich peinlich darauf, daß es nicht an Fotografen fehlte, die das freudige Ereignis im Bild festhielten.

Noch bevor ich Zeit fand, den Verlust zu spüren, der normalerweise die Folge einer Hochzeit in der Familie ist, steckte ich bis über beide Ohren in Zeichnungen, Raumplanungen sowie Musterkollektionen von Teppich- und Vorhangstoffen. David hatte sich persönlich um die Ausstattung unseres Hauses gekümmert, während ich mit Debbies Hochzeitsvorbereitungen beschäftigt war, aber er bat mich, bei der Einrichtung der Wohnheime, Klassenräume und Gästezimmer für die Schule mit der Frau unseres Ranchmanagers zusammenzuarbeiten. Als diese Aufgaben erledigt waren, galt es, die Blumengärten um unser Haus herum und auf der ganzen Ranch anzulegen. Es war eine äußerst arbeitsintensive Zeit für mich, aber ich lief dabei zu Höchstleistungen auf!

Innerhalb kürzester Zeit blühte die Ranch mit den Teichen und Gebäuden auf, die David mir bei meinem ersten Besuch geschildert hatte, und Twin Oaks wurde zu einem geschäftigen, facettenreichen Unternehmen. Im Juni 1976 trafen die ersten Studenten ein, um sich in der Twin-Oaks-Leiterschaftsakademie einzuschreiben. In diesem Sommer kamen Debbie und ihr Mann, der kürzlich sein Hochschulstudium beendet hatte, zu uns auf die Ranch, wo Roger eine Stelle in der Lehrerschaft angenommen hatte. Unser erstes Enkelkind, Brent Dean Jonker, wurde am 30. Oktober 1976 geboren. Meine Freude darüber, dieses jüngste Familienmitglied in »Verwöhnnähe« zu haben, war größer als der Schock, plötzlich mit einem Opa verheiratet zu sein!

Ich glaube, keine Zeit meines Lebens ist für mich so schön gewesen wie die wunderbaren sechs Jahre nach unserem Umzug nach Texas. Vorbei die Zeit, da ich mich »außen vor« bzw. »auf dem Abstellgleis« gefühlt hatte. Ich konnte nun an der Arbeit meines Mannes teilnehmen, ohne im Hinblick auf meine wichtige Rolle als Hausfrau und Mutter auch nur die geringsten Abstriche zu machen. Der Herr erlaubte mir sogar, wenn auch nur im begrenzten Rahmen, die Erfüllung meines Jugendtraumes, Friseurin zu werden. Seit Jahren hatte ich David und den Kindern die Haare geschnitten, und jetzt konnte ich den Studenten dadurch dienen, daß ich ihnen im Herrenfriseurladen der Ranch kostenlos die Haare schnitt.

So wie vor Jahren in Philipsburg, war ich bereit, für den Rest meines Lebens hier zu bleiben. Der Gedanke, von Gott in mein persönliches, kleines verheißenes Land geführt worden zu sein, war verlockend. Das Leben schien tatsächlich voll Milch und Honig zu sein, und ich hatte mich fast daran gewöhnt.

Gerade als ich nahe daran war, dies alles als selbstverständlich zu betrachten, griff Gott erneut ein und machte mir klar, daß noch etwas mehr Veredelung, noch ein bißchen rauheres Schleifen notwendig sei, um mich für sein Reich zuzurüsten. Es stellte sich heraus, daß das »verheißene Land« durchaus auch seine tiefen Täler hatte.

Warum ich, Herr?

KAPITEL 14

Die dampfend-heiße Dusche war an diesem kalten Januarmorgen so angenehm, daß ich ein paar Minuten länger unter dem warmen Sprühregen stehen blieb. Nach den Weihnachtsfeiertagen fühlte ich mich ein wenig müde, aber diese Müdigkeit wurde bei weitem übertroffen durch ein Gefühl tiefer Dankbarkeit für die vielen Segnungen, die unsere Familie durch das Zusammensein während der Festtage erlebt hatte. Der Gedanke an unseren kleinen Enkelsohn und an die Freude, die ein niedliches, kleines Baby verbreitet, brachte ein Lächeln auf meine Lippen und ließ ein Dankgebet aus meinem Herzen zu Gott aufsteigen.

In diesem Augenblick stießen meine seifigen Finger auf etwas Fremdes, Hartes mitten zwischen ansonsten weichem, geschmeidigem Fleisch. Mein Lächeln verschwand, und auf meiner Stirn wuchsen Sorgenfalten, während ich versuchte, das kleine Knötchen, das soeben das Alarmsystem meines Körpers ausgelöst hatte, wiederzufinden. Da war es wieder - ein eindeutiger Knoten, nicht größer als meine Fingerkuppe, direkt unter der Haut meiner linken Brust. In seiner Festigkeit ähnelte er dem angrenzenden Brustbein.

Da er beim Berühren nicht weh tat, war ich versucht, ihn einfach zu ignorieren. »Wahrscheinlich ist das nicht der Sorge wert«, sagte ich mir. Trotzdem untersuchte und befühlte ich das störende Knötchen noch ein wenig länger.

Seit meiner Krebsoperation vor 13 Jahren hatte ich stets sorgfältig darauf geachtet, mich regelmäßig auf irgendwelche unbekannten Knoten in meinem Körper abzutasten. Mittlerweile war das zu einer festen Übung geworden, die ich beinahe unbewußt ausführte. So viel Zeit war seit jener ersten Operation verflossen, daß ich mir schon lange keine Sorgen mehr über ein eventuelles erneutes Auftreten machte. Trotzdem war mir klar, daß man als Frau nicht vorsichtig genug sein kann. Daß sowohl die Frau unseres Präsidenten als auch die unseres Vizepräsidenten erst kürzlich an Brustkrebs operiert worden war, hatte die nationale Aufmerksamkeit verstärkt auf die Wichtigkeit der Selbstuntersuchung gelenkt. Der bloße Gedanke an diese Krankheit ließ mir übel werden.

»Ach, komm, Gwen!« schalt ich mich selbst scharf, während ich das Wasser abstellte und ein flauschiges Frotteehandtuch zum Trocknen um mich schlang. »Du weißt, daß du dich in deinem ganzen Leben nie besser gefühlt hast. Du bist zwar ein bißchen müde nach den ganzen Feiertagen – aber wer ist das *nicht*? Das ist doch nicht die gleiche Müdigkeit und Schwäche wie damals, als du Krebs hattest!«

Als ich kurz mein Bild in dem beschlagenen Spiegel erblickte, mußte ich zugeben, daß das Gesicht, das mir daraus entgegenschaute, auf jeden Fall gesund aussah. *Ich fühle mich großartig*, sagte ich zu mir selbst, ermuntert durch den Gedanken, daß selbst simple Erkältungen in den letzten Jahren nur sehr selten bei mir aufgetreten waren. Gesundheitlich war es mir wirklich noch nie besser gegangen.

Ich sah an meinem Körper hinunter, der von der heißen Dusche rosig angehaucht war. Mit einem zufriedenen Lächeln sagte ich laut: »Die Alte sieht noch gar nicht so schlecht aus für 45!« Ich kam zu dem Schluß, daß so eine kleine Beule bestimmt kein Grund war, sich Sorgen zu machen. Trotzdem nahm ich mir, während ich mich fertig abtrocknete und dann wieder anzog, vor, das Versprechen, das David mir vor 13 Jahren abgenommen hatte, einzulösen und ihm unverzüglich von meiner Entdeckung zu berichten.

Wie ich es geahnt hatte, war mein Mann sehr erschrocken, als ich noch am gleichen Abend mit ihm darüber sprach. Seine Sorge entlud sich in einem Schwall von Fragen: Wann hatte ich den

Knoten zum erstenmal bemerkt? Wie groß war er? Tat er weh? Warum hatte ich ihm nichts davon gesagt?

Als ich endlich die Möglichkeit zum Antworten bekam, wies ich ihn darauf hin, daß dies ja die erste Gelegenheit sei, mit ihm darüber zu sprechen, und daß ich im übrigen der Meinung sei, der Knoten sei harmlos.

»Na ja, vielleicht ist es wirklich nichts Schlimmes«, gab er in ruhigerem Ton zur Antwort, »aber es wird mir besser gehen, wenn Dr. Rice das auch sagt. Vereinbare bitte für morgen einen Termin bei ihm. Versprich es mir!«

»Natürlich«, stimmte ich bereitwillig zu. Dr. Jack Rice, der Rancharzt, war nicht nur unser Hausarzt, sondern auch ein persönlicher Freund. Es würde wesentlich einfacher sein, ihn bezüglich dieses kleinen Problems um Rat zu fragen, als einen völlig Fremden konsultieren zu müssen.

Zu meiner großen Erleichterung war Dr. Rice mit mir einer Meinung, daß der Knoten nichts Schlimmeres zu sein schien als eine kleine Zyste. »Sie wird sich wahrscheinlich von selbst auflösen und innerhalb weniger Wochen verschwinden, Gwen«, meinte er beruhigend. »Trotzdem mußt du mir versprechen, daß du sie genau beobachten wirst, ob sie sich irgendwie verändert oder größer wird. Man kann mit Zysten in der Brust nicht vorsichtig genug sein, das weißt du ja.«

Als wir an diesem Abend zu Bett gingen, beteten David und ich darum, daß der lästige Knoten ganz bald verschwinden möge, und von da an gab ich mir große Mühe, so zu tun, als ob er nicht existierte.

Als der Januar sich seinem Ende näherte, war der Knoten immer noch da. Er war zwar nicht viel größer geworden, aber ich konnte mir auch nichts vormachen und sagen, er sei am Zusammenschrumpfen. Dr. Rice meinte, eine Konsultation sei angebracht, und vereinbarte für mich einen Termin bei einem Gynäkologen in Dallas.

Dieser stellte mich bei der Untersuchung fast auf den Kopf. Als er mich endlich aus jedem erdenklichen Blickwinkel abgetastet und untersucht hatte, empfahl er mir, eine Biopsie vornehmen zu lassen, damit die Zellen des Knotens mikroskopisch untersucht werden konnten. »Ich meine, Sie sollten das umgehend machen lassen, Frau Wilkerson«, sagte er eindringlich. »Sie werden erst wirklich beruhigt sein, wenn Sie zweifelsfrei wissen, daß der Knoten gutartig ist.«

Da war ich mir indessen nicht so sicher. Die winzige Zyste machte mir bei weitem nicht soviel Angst wie der Gedanke an einen erneuten operativen Eingriff. Wohl waren seit meiner letzten Operation viele Jahre vergangen, aber die Zeit hatte an meinen Gefühlen in bezug auf Krankenhäuser und Operationen nicht das Geringste verändert.

Ich hielt fast eine ganze Woche durch, bis David und Dr. Rice mich davon überzeugt hatten, daß es sich hier nur um einen ganz kleinen diagnostischen Eingriff handele. Selbst wenn ich jetzt dagegen wäre, würde ich hinterher gewiß beruhigt sein. »Okay«, gab ich schließlich nach. »Aber vor Dienstag lasse ich es nicht machen. Ich möchte auf keinen Fall das Valentinsbankett am Montag abend verpassen.« Die Studenten unserer Schule hatten dieses Ereignis geplant, um den Lehrern und Mitarbeitern eine Freude zu machen. Der 5. Februar versprach ein echter Galaabend zu werden, und ich war entschlossen, dabeizusein.

Die Feier erwies sich tatsächlich als bestes Gegenmittel gegen die Angst, die in meinem Herzen aufzukeimen begann. Unter den vielen urkomischen Sketchen, die einen Teil der Unterhaltung bildeten, war einer, der demonstrieren sollte, wie David und ich uns *wirklich* zu Hause benehmen. Dieser lustige Unsinn verschaffte mir das frohe Herz, das »gut tut wie Medizin«, und die Atmosphäre der Liebe und Gemeinschaft, die den gesamten Abend durchzog, befreite mich von jeder krankhaften Furcht. Als ich an diesem Abend spät ins Bett fiel, hatte ich kaum mehr einen Gedanken für den nächsten Tag übrig. »War das nicht ein Spaß?« fragte ich David, während er das Licht ausmachte. »Was für eine tolle Gruppe von jungen Leuten!«

Am nächsten Morgen, nachdem wir der Familie beiläufig erzählt hatten, daß wir den Tag in Dallas verbringen würden, fuhren David und ich los, um meinen Termin bei Dr. James Chisom, dem uns empfohlenen Chirurgen, wahrzunehmen. Nur Dr. Rice und Barbara Mackery, Davids Privatsekretärin und eine gute Freundin von mir, wußten über die Art unserer Mission Bescheid. Wir wollten unsere Angehörigen und Freunde nicht unnötig beunruhigen.

Bis zum Ende des Tages würden sich unsere Befürchtungen sowieso erledigt haben. Schließlich handelte es sich ja nur um eine kleine persönliche Angelegenheit, die niemand sonst etwas anging.

Dr. Chisom war ein ruhiger Mann, der sein Fach verstand; ich faßte sofort Vertrauen zu ihm. Auch er war der Meinung, daß der Knoten durchaus harmlos aussah, aber trotzdem entfernt und untersucht werden sollte. »Er scheint sehr oberflächlich zu sein, Frau Wilkerson«, sagte er beruhigend. »Wir können ihn hier in der Praxis unter örtlicher Betäubung herausnehmen und im Labor untersuchen lassen. Die ganze Geschichte wird höchstens ein paar Minuten dauern.«

Da dies ja der Sinn meines Besuchs war, ließ ich es mir widerstandslos gefallen, daß man mir zunächst ein Beruhigungsmittel gab, mich in Tücher hüllte und dann die Stelle, aus der der Knoten entfernt werden sollte, reinigte und mit einer Novokaininjektion betäubte. Nun, da der Augenblick gekommen war, war ich total ruhig und zuversichtlich. David hielt im Nebenzimmer eine Gebetswache ab, und ich wußte, daß Barbara und Dr. Rice zu Hause ebenfalls beteten. Warum hatte ich diese simple Sache bloß so lange aufgeschoben? Es war doch viel besser, sich dem Problem zu stellen und sich mit ihm auseinanderzusetzen. Für das Resultat würde ich einfach dem Herrn vertrauen.

Daß nicht alles ganz glatt ging, merkte ich, als Dr. Chisom so lange brauchte, um das kleine Gewebeteilchen herauszulösen. »Es ist doch nicht so oberflächlich, wie ich dachte«, lautete seine sachliche Erklärung. Als die versprochene fünf-bis-zehnminütige Prozedur sich um eine halbe Stunde verlängerte, wurde meine Besorgnis von Minute zu Minute größer.

Später erfuhr ich, daß David ebenfalls anfing, sich Sorgen zu machen, und ganz spontan Dr. Rice anrief und ihn bat zu kommen. Als Erklärung gab er an, es würde mich vielleicht beruhigen, unseren Arzt und Freund zu sehen, wenn alles vorbei wäre, aber die Wahrheit war, daß David selber die beruhigende Gegenwart von Dr. Rice nötig hatte.

Endlich war die Operation vorbei. Die Sprechstundenhilfe plauderte freundlich mit mir, während sie einen kleinen Verband über der zugenähten Wunde befestigte. »Sehen Sie, das war doch gar nicht so schlimm, oder?« meinte sie lächelnd. An die Stelle meiner Besorgnis trat Erleichterung.

In weniger als einer Viertelstunde kam Dr. Chisom mit dem pathologischen Befund durch die Hintertür zurück ins Sprechzimmer. Ein Blick in sein bekümmertes Gesicht sagte alles. Ich hörte seine Worte kaum: »Es tut mir außerordentlich leid, Frau Wilkerson, aber der Knoten *ist* bösartig.«

Ich wünschte, ich könnte berichten, daß ich mit ruhiger Gelassenheit auf diese Aussage reagiert hätte, aber dem war leider nicht so. Mein ganzes Inneres bäumte sich voller Entsetzen gegen den Gedanken auf, wieder Krebs zu haben, und ich rief aus: »O nein, nicht noch einmal! Warum *ich*, Herr?« Dann fing ich hemmungslos an zu schluchzen.

Sofort war David an meiner Seite. Er hielt mich fest in seinen Armen, während wir miteinander weinten. Nach all den Jahren guter Gesundheit galt es nun, von neuem gegen den Krebs anzukämpfen! Im Moment konnten wir die Tatsache einfach nicht akzeptieren, daß mir das wieder passieren mußte.

Aus den Tiefen meiner Verzweiflung heraus hörte ich Davids Stimme, der, von innerer Bewegung geschüttelt, laut betete. Während er fortfuhr, den Herrn meinetwegen zu bestürmen, ebbte mein Schluchzen langsam ab, und ich spürte, wie der Geist Gottes in meinem zerstörten Leben zu wirken begann. Sehr leise und sehr sanft wurden die Bruchstücke aufgehoben und wieder zusammengesetzt.

Als ich mich schließlich fertig angezogen hatte, waren meine Augen trocken und ich hatte mich beruhigt, obwohl die häßlichen Gedanken sich immer noch in meinem Kopf überschlugen. Eine weitere Operation – noch dazu mit entstellenden und verheerenden Folgen – stand mir bevor, und danach ein erneuter mühsamer Kampf, um Gesundheit und Lebenskraft wiederzuerlangen. Zu allem Übel konnte Dr. Chisom nicht dafür garantieren, daß eine Operation ausreichen würde, um die Krankheit, die mein Leben bedrohte, zu stoppen. Es war sehr gut möglich, daß man gar nichts mehr tun konnte, um mich zu retten.

Doch noch während mir diese Gedanken kamen, fing ein Gefühl von Frieden und Zuversicht in meinem Geist an, Wurzeln zu schlagen. »Siehe, ich bin bei euch *allezeit*«, hatte mein Herr gesagt, und ich hatte in meinem ganzen Leben immer wieder festgestellt, daß er seinem Versprechen treu geblieben war. »Jesus ist der Herr«, raunte mir der Heilige Geist zu, »ihm kannst du bedingungslos vertrauen.«

Um mich herum wurden sofort wie wild Pläne geschmiedet. Ich hörte, wie mein verzweifelter Mann ein Privatzimmer im Hospital bereitstellen ließ, damit er die Nacht auf einer Liege neben meinem Bett verbringen konnte. Und ich hörte aufmerksam zu, als der Doktor erklärte, daß gleich am nächsten Tag eine Brustamputation vorgenommen werden würde. Doch das alles berührte mich nicht sonderlich. Daß ich die Sache so ruhig aufnahm, regte David schließlich so auf, daß er herausplatzte: »Ich weiß nicht, wie du das alles so leicht verkraftest! Ich drehe fast durch, und du sitzt da, als ob überhaupt nichts wäre!«

»Ich kann es selbst nicht glauben, Dave«, erwiderte ich ruhig. »Aber irgendwie hat der Herr mir großen Frieden über das gegeben, was kommen wird. Ich weiß, es wird nicht einfach sein, aber er wird mir beistehen und die nötige Kraft geben.«

Die Operation war für Mittwoch um 11 Uhr angesetzt. Uns erschien die Wartezeit sehr lange, als David und ich am Mittwoch morgen in meinem Zimmer in der Klinik aufwachten. Gemäß einer stillschweigenden Übereinkunft sprachen wir nicht über die Einzelheiten der Operation, die Dr. Chisom uns am Tag vorher so genau erklärt hatte. Es war ein ungewöhnlich heller und schöner Morgen für Februar – ein Tag, so richtig geschaffen für Optimismus und fröhliche Gedanken –, und wir begannen ihn mit Gebet und Danksagung. Wir hielten uns an den Händen und baten Gott um seinen Segen für die Operation, und wir priesen ihn dafür, daß er mein Leben in seiner Hand hatte. Dann bat ich David, mir etwas aus der Bibel vorzulesen.

Sofort schlug er Psalm 118 auf und fing an zu lesen: *»Preist den Herrn, denn er ist gut ...«* Worte voll Trost und Leben erfüllten meine Gedanken, während er weiterlas: *»Aus der Bedrängnis rief ich zum Herrn. Der Herr antwortete mir und schuf mir Raum. Der Herr ist für mich, ich werde mich nicht fürchten. Was könnte ein Mensch mir tun? ... Ich werde nicht sterben, sondern leben und die Taten des Herrn erzählen.«* Die Schlußverse dieses Psalms – *»Du bist mein Gott, ich will dich preisen! Mein Gott,* *ich will dich erheben. Preist den Herrn, denn er ist gut! Ja, seine Gnade währt ewig!«* – trugen mehr zu meiner Beruhigung bei als die Beruhigungsspritze vor der Operation. Danach saßen wir einfach still beieinander und warteten. Worte waren nicht mehr nötig.

Als die Wirkung der Narkose langsam nachließ, wurde ich mir mehr und mehr eines stechenden Schmerzes in der Brust und eines unaufhörlichen Pochens in meinem linken Arm bewußt. Es war unmöglich, den offensichtlichen Eingriff in meinen Körper zu ignorieren. Ein plötzlicher Schauder des Ekels erfaßte mich, als ich daran dachte, daß ich jetzt keine vollständige Frau mehr war. Das Argument, es sei ja bloß ein Stück Fleisch entfernt worden, tröstete mich nicht wirklich. Ich war zwar dankbar für das lebensrettende Geschick des Chirurgen, schreckte aber vor der Verunstaltung zurück, die das zwangsläufige Ergebnis seiner Arbeit war. »Warum ich, Herr Jesus?« fragte ich wieder, während ich meine Augen ganz fest zukniff, um die Tränen zurückzuhalten. »Warum gerade *ich*?«

In seiner Kraft

KAPITEL 15

Ich mußte geträumt haben, während ich die Reste des Frühstücks wegräumte, denn ich hatte nicht gemerkt, daß David aufgestanden war, bis sich seine Hände um meine Taille legten und ich seinen bewundernden Pfiff in meinem Ohr hörte. »Hallo, du«, sagte er zärtlich, während er meinen Nacken tätschelte. »Was hat denn eine so schöne Frau in *meiner* Küche zu suchen?«

»Dummkopf! Du hast mich erschreckt!« protestierte ich lachend, drehte mich um und gab ihm ein Küßchen auf die Wange. »Wie lange bist du denn letzte Nacht aufgeblieben?«

»Ach, es muß zwischen halb zwei und zwei gewesen sein. Ich fing an, den Rundbrief zu schreiben, und konnte einfach nicht aufhören, bevor er fertig war.« Davids Nachteulen-Gewohnheit hatte sich so fest etabliert, daß es mittlerweile jeder in der Familie als selbstverständlich betrachtete, daß er Stunden später schlafen ging als wir anderen. Einen Teil dieser Zeit verbrachte er immer mit dem Herrn, aber daneben schaffte er es auch, eine Menge Arbeit nach Mitternacht zu erledigen. Anstatt mich mit ihm über seine verrückte Arbeitszeit zu streiten, ließ ich ihn einfach morgens so lange schlafen, wie er konnte, wenn er daheim war.

»Diese Farbe steht dir gut«, sagte er anerkennend, während ich das Spiegelei so briet, wie er es gern hatte. Dann setzte ich mich zu ihm, um ihm beim Essen Gesellschaft zu leisten. »Wie kommt es, daß du von Tag zu Tag hübscher wirst?« fragte er zwischen zwei Bissen. »Weißt du nicht, daß ein Mädel, das soviel durchgemacht hat wie du, eigentlich nicht so attraktiv aussehen sollte in Hose und Pullover?«

»Und weißt *du* nicht, daß ein Prediger, der seit 25 Jahren mit ein und derselben Frau verheiratet ist, diese so früh am Morgen eigentlich nicht so unverschämt anmachen sollte?« erwiderte ich.

Darüber mußten wir beide schallend lachen; dann saßen wir einfach da und lächelten uns an.

O Herr Jesus, betete ich im stillen, *wie hast du es bloß geschafft, mein Leben in nur sechs kurzen Monaten so gut wieder zusammenzubasteln?* Hier saß ich und scherzte mit David so unbekümmert wie früher, in dem Wissen, daß mein Mann mich attraktiv und begehrenswert fand trotz der verstümmelnden Operation, die ich hinter mir hatte.

Als hätte er meine Gedanken erraten, nahm David plötzlich meine Hand und sagte: »Wir haben wirklich gute Fortschritte gemacht, Liebling. Wer hätte das damals im Februar für möglich gehalten?«

Die Genesungszeit nach der Brustamputation war echt hart gewesen. Trotz der hervorragenden Pflege, die ich von David, dem Krankenhauspersonal sowie treuen Familienmitgliedern und Freunden erhalten hatte, hatten Jesus und ich einen mühsamen Kampf gegen Schmerzen, Schwäche und ein Gefühl der Hoffnungslosigkeit, das mich vollständig fertigzumachen drohte, auszufechten gehabt.

Eine von Gottes Verbündeten in diesem Kampf war eine wunderbare Frau von »Reach to Recovery«, einer Selbsthilfegruppe, die sich das Ziel gesetzt hat, brustamputierten Frauen bei der Rehabilitation zu helfen. Diese landesweite Organisation, zusammengesetzt aus Frauen, die alle die gleiche Tortur durchgemacht haben, verfolgt einen realistischen, sachlichen Ansatz, ohne jedoch gefühllos oder hart zu sein. Frau Ott weckte meinen Kampfgeist, als sie mir erklärte, wie schwer es zu Anfang sein würde, die notwendigen Übungen zu machen, und wie lange es dauern würde, bis ich vollkommen wiederhergestellt wäre.

»Na, das wollen wir doch erst mal sehen«, sagte ich mir, als ich mich daranmachte, scheinbar unmögliche Übungen mit meinem linken Arm zu meistern und alles zu lernen, was ich über die absurd aussehende Prothese wissen mußte, die mithelfen sollte, meine Figur unter der Kleidung normal erscheinen zu lassen. Weil meine Operation eine »einfache Brustamputation« gewesen war, die die Muskeln an Brust und Arm verhältnismäßig unberührt gelassen hatte, ging die körperliche Rehabilitation sehr schnell vonstatten. Kaum drei Wochen nach der Operation hatte ich die volle Bewegungsfähigkeit in meinem linken Arm wiedererlangt, und die Schwellung sowie sonstige Beschwerden waren fast ganz verschwunden.

Allerdings blieb die gefühlsmäßige Wiederherstellung weit hinter der körperlichen zurück. Zu Anfang schien es unmöglich, daß ich mich je auf den Verlust eines Körperteils würde einstellen können, der meiner Meinung nach untrennbar mit Weiblichkeit und Sexualität verknüpft war. Am zweiten Tag nach der Operation kam Dr. Chisom zu mir ans Bett und verkündete, er werde jetzt die Dränage entfernen.

»Was für eine Dränage denn?« fragte ich erstaunt. Ich hatte ja keine Ahnung davon, was unter dem Berg von weißer Gaze, der die Operationsstelle bedeckte, verborgen lag.

»Die, die wir hier drunter versteckt haben«, entgegnete er, während er anfing, eine Verbandsschicht nach der anderen abzuziehen. Die Entfernung der letzten paar Schichten sowie des kleinen Gummischlauches brachte mich fast um, aber ich vergaß den Schmerz, als ich die Wunde das erstemal zu Gesicht bekam.

»O lieber Herr!« rief ich aus. Es war noch schlimmer als meine schlimmsten Vorstellungen. Nicht nur, daß die gewohnte Wölbung aus Fleisch verschwunden war – an ihrer Stelle befand sich nun tatsächlich eine Aushöhlung, über die sich ein knallroter, geschwollener Schnitt zog. Es war das Häßlichste, was ich je gesehen hatte.

Ich schloß die Augen schnell wieder und drehte den Kopf zur Seite, während Dr. Chisom die Stelle sehr behutsam neu verband. Ich betete ernstlich um Beherrschung und schaffte es tatsächlich, die Tränen zurückzuhalten, bis ich wieder allein war. Doch als David dann ins Zimmer kam, schluchzte ich wie ein kleines Kind und konnte ihm nicht einmal sagen, warum.

O Jesus! schrie ich innerlich. *Ich bin ja jetzt so häßlich! Wie soll David es bloß jemals fertigbringen, mich anzuschauen – geschweige denn mich anzufassen oder gar zu streicheln? Lieber möchte ich tot sein, als für ihn nicht mehr begehrenswert zu erscheinen. Wie soll ich das bloß ertragen?*

In diesem Moment war ich überzeugt, daß jegliche körperliche Intimität mit David nach meiner Genesung ausgeschlossen sein würde. Ich kannte meinen Mann genau und wußte, was ihm gefiel. *Er wird total angewidert sein*, folgerte ich, *und das kann ich ihm nicht einmal verdenken.*

Was ich allerdings nicht in Betracht zog, war die Barmherzigkeit Gottes und sein Verständnis für *alle* Einzelheiten des Ehelebens. Er selbst war es ja, der diese Verbindung zwischen Mann und Frau gestiftet hatte, und er hatte sich in der Vergangenheit sichtliche Mühe gegeben, um dafür zu sorgen, daß unsere spezielle Verbindung halten würde. Doch ich hätte nie zu hoffen gewagt, welch großes Wunder er bereits angefangen hatte in meinem Mann zu wirken.

Fünf Tage nach der Operation kehrte ich auf die Ranch zurück – stürmisch begrüßt von der gesamten Mitarbeiterschaft und den Studenten. Schilder mit Willkommensgrüßen und Bibelversen hingen an den Bäumen der Straße, die zu unserem Haus führte, und meine Freunde säumten winkend, pfeifend, rufend und hupend den Weg. Im Haus wartete bereits ein leckeres Mittagessen auf mich und meine Familie, und eine wunderschöne neue Chaiselongue lud zum Ruhen ein – ein Willkommensgeschenk von David. Eine Königin hätte sich bei ihrer Krönung nicht gefeierter oder bewunderter fühlen können.

Es war herrlich, wieder daheim zu sein. Ich hatte meine Kinder, meine Mutter und natürlich meinen kleinen Enkel richtig vermißt. Sie wieder um mich zu haben, gab mir inneren Auftrieb, und ein Gefühl der Dankbarkeit Gott gegenüber für die kostbaren Menschen, die er in mein Leben gestellt hatte, durchströmte mich. Dank ihrer Rücksichtnahme konnte ich mich in der ganzen Zeit meiner Genesung nie über mangelnde Aufmerksamkeit beklagen.

Was mich jedoch immer noch plagte, war die Frage meiner zukünftigen Beziehung zu David. Er hatte eine Evangelisation abgesagt, während ich im Krankenhaus lag – das erstemal überhaupt, daß er das Team alleine zu Versammlungen losgeschickt hatte, bei denen er hätte sprechen sollen –, aber kurz nach meinem Heimkommen mußte er zur nächsten Evangelisation aufbrechen. Es war mir im Grunde auch ganz recht, daß er wegfuhr. Ich brauchte immer noch sehr viel Ruhe, und in jener ersten Zeit nach der Operation mußte zweimal am Tag Flüssigkeit aus der Wunde abgesaugt werden. Es war vollkommen richtig, daß er mit seiner Arbeit weitermachte und mich in dem Tempo, das die Natur vorgab, genesen ließ. Trotzdem war ich zu unsicher, als daß es mir bei dem Gedanken an sein Fortsein ganz wohl gewesen wäre. Ich fragte mich, ob er wohl ein schlechtes Gewissen habe oder vielleicht im stillen sogar erleichtert darüber sei, von dem verunstalteten Abklatsch einer Ehefrau, zu dem ich geworden war, wegzukommen.

Während David unterwegs war, fiel ich in eine tiefe Depression. Nur die anhaltenden Gebete und der Dienst meiner Freundin Barbara hielten mich in jener trüben Zeit nahe beim Herrn. Schließlich war ich in der Lage, für mich selber wieder sein Angesicht zu suchen. »O Herr Jesus«, betete ich, »wenn David jetzt schon ein schlechtes Gewissen hat, wie wird es erst sein, wenn der Verband weg ist? Er hat mich ja noch gar nicht gesehen. Bitte, gib mir die Kraft, die ich brauche, um ihm gegenüberzutreten.« Ich hatte viel zu beten, während David fort war, und Jesus hatte eine Menge zu trösten.

Einige Wochen später wurde ich von dem letzten Gazestreifen und Pflaster befreit und konnte mich mit Hilfe der raffinierten Prothese endlich wieder normal anziehen. David war wieder daheim, so bemüht wie eh und je, mich zu bedienen und zu verwöhnen. Aber uns beiden stand der »Augenblick der Wahrheit« noch bevor.

Dieser kam, als David eines Abends, während ich gerade dabei war, mich fürs Bett fertigzumachen, unerwartet ins Zimmer trat. Zunächst herrschte ein betretenes Schweigen, während uns beiden klar wurde, daß dies der entscheidende Test war. Ich nahm all meinen Mut zusammen, drehte mich ganz langsam zu ihm um und studierte besorgt sein Gesicht, ob sich auch nur die kleinste Spur von Ablehnung darin fände.

Doch ich fand nicht, was ich suchte. Statt dessen strahlten reine Liebe und Bewunderung aus jeder Linie seines Gesichtsausdrucks. Er nahm mich in die Arme und sagte leise: »Was bist du für eine schöne Frau, Liebling.« Ich wußte sofort, daß dies keine Heuchelei war, daß er keine Show abzog, um meine Gefühle zu schonen. Nein, Gott hatte David tatsächlich neue Augen gegeben, mich zu sehen. Für ihn war ich nicht weniger eine Frau als sonst. Unsere Beziehung, auch in körperlicher Hinsicht, ist seit jenem Augenblick nur noch besser geworden.

»Wach auf, Gwen«, sagte David und berührte leicht meinen Arm, um meine umherschweifenden Gedanken wieder an den Frühstückstisch zurückzuholen. »Du mußt dich entscheiden, ob du nächste Woche mit uns nach Colorado fahren willst. Fühlst du dich stark genug dafür?«

»O ja, bestimmt«, erwiderte ich zuversichtlich. Ich hatte in den vergangenen Monaten schon etliche Reisen mit ihm unternommen und mich jedesmal stärker gefühlt. »Mein Energiespiegel scheint wieder normal zu sein«, versicherte ich ihm.

»Das heißt, du brauchst nur noch *ein* Nickerchen am Tag anstatt zwei oder drei«, meinte er neckend. Dann wurde sein Gesicht ernst, und er sah mir besorgt in die Augen, als er fragte: »Bist du sicher, daß du dich gut fühlst? Gibt es wirklich keine Probleme, von denen du mir nichts gesagt hast? Ich kann mir nicht helfen, ich muß immer daran denken, du könntest mir vielleicht etwas verheimlichen.«

Ich wußte, was ihn wirklich beunruhigte. Es war die Tatsache, daß ich mich geweigert hatte, Bestrahlungen und Chemotherapie zu erhalten, obwohl Dr. Chisom mir diese dringend als eine Vorsichtsmaßnahme empfohlen hatte. Er hatte nach der Operation sehr offen mit mir gesprochen. »Soweit wir das beurteilen können, war die Operation erfolgreich«, hatte er mir erklärt. »Wir haben alles kranke Gewebe, das wir sehen konnten, entfernt. Trotzdem besteht immer die Möglichkeit, daß irgendwelche bösartigen Zellen, die wir nicht sehen konnten, das angrenzende Gewebe befallen haben – sogar unter dem Brustbein. Aufgrund dieser Möglichkeit rate ich Ihnen zu Bestrahlungen und Chemotherapie. So können wir sicherer sein, daß das Ganze zum Erfolg führt.« Ähnlich äußerte er sich auch gegenüber David.

Mein Problem war, daß niemand definitiv sagen konnte, ob eine zusätzliche Behandlung wirklich notwendig und, falls notwendig, auch effektiv sein würde. Das einzige, was man mir ganz sicher mitteilen konnte, war, daß eine solche Therapie sehr unangenehme Nebenwirkungen haben konnte.

Letztendlich lag die Entscheidung bei mir, aber David und ich erörterten die Sache gründlich und beteten um göttliche Führung, bevor ich nein sagte. »Du weißt, ich möchte dich noch nicht verlieren«, war Davids Art und Weise, um auszudrücken: »Bitte, tu es!«

»Ich habe keine Angst vor dem Sterben, Dave«, erwiderte ich ihm. »Der Gedanke, zum Herrn zu gehen, reizt mich viel mehr als die Vorstellung, mein Leiden durch irgendwelche Behandlungen, die entweder unnötig oder unwirksam sind, zu verlängern.«

»Bist du *sicher*, daß du die richtige Entscheidung triffst?« beharrte David.

»Natürlich nicht, Liebling«, entgegnete ich. »Ich bin über gar nichts *sicher*, was meine Gesundheit anbetrifft. Ich bin mir nicht sicher, warum mir das Ganze überhaupt passieren mußte. Und ich bin mir ganz bestimmt nicht sicher über das, was das Morgen bringen könnte. Ich kann immer nur von einem Tag zum anderen leben. *Heute* habe ich nicht den Eindruck, daß Bestrahlungen oder Chemotherapie das sind, was der Herr für mich geplant hat. Vielleicht gibt er mir ja in der Zukunft eine andere Weisung. Wir werden sehen.«

Und dabei war es geblieben. Jetzt waren David wieder Bedenken bezüglich meiner Entscheidung gekommen, deshalb seine Frage, ob ich mich wirklich so gesund fühle, wie es allem Anschein nach der Fall war.

»Ja, Dave, ich fühle mich prima«, versicherte ich ihm. »Ich verspreche dir, daß ich dich nicht darüber im dunkeln lassen werde, wenn sich irgend etwas ändert. Wir haben diesbezüglich doch bestimmt unsere Lektion gelernt, oder?«

»So sollte es wenigstens sein«, gab David zur Antwort und erhob sich. »Jetzt muß ich aber los, Gwen. Eigentlich hätte ich schon um neun im Büro sein sollen. Bitte, übernimm dich nicht bei der Hausarbeit. Ich möchte wirklich, daß du nach Colorado mitfahren kannst.«

Ein flüchtiger Kuß, und er war auf und davon. Vom Fenster aus beobachtete ich die Staubwolke, die seinen Wagen die Straße hinunter zum Büro verfolgte. Eine Woge der Dankbarkeit erfaßte mich, und ich dachte: *Wie glücklich bin ich doch, David zum Ehemann zu haben!* Dann fing ich an, Gott für diesen Segen und die vielen anderen Segnungen zu danken, die sich in meine Gedanken drängten, schneller als ich sie aussprechen konnte: als erstes gute, liebevolle Eltern; gesunde, hübsche Kinder; Freundinnen wie Sonia, Bunny, Sondra und Barbara, die mein Leben bereichert und mir in den Schwierigkeiten beigestanden hatten; und nun dieses schöne Haus, einen lieben Schwiegersohn und ein entzückendes Enkelkind. *Vielleicht ist das nächste Kind, das Debbie unter dem Herzen trägt, ja ein kleines Mädchen, so richtig was zum Knuddeln*, sinnierte ich.

Doch noch während ich diese vielen greifbaren Segnungen aufzählte, kam mir zu Bewußtsein, daß es sich dabei ja nur um den Zuckerguß auf dem Kuchen handelte. Das Beste, was allem anderen erst seine Bedeutung gegeben hatte, war die Gegenwart des lebendigen Christus in allem, was ich erlebt und erfahren hatte. Ohne ihn wäre keine der übrigen Segnungen möglich gewesen. Wenn meine Mutter mich nicht in frühester Kindheit mit Jesus bekannt gemacht hätte, hätte ich David nie und nimmer so unwiderstehlich gefunden. Ohne die heilende Berührung des Herrn wäre aller Wahrscheinlichkeit nach meine Ehe gescheitert und ich wäre ein seelisches Wrack geworden. Und wer konnte sagen, wie sich das auf die Kinder ausgewirkt hätte?

»Danke, Jesus, daß du mein Anker bist«, sagte ich laut. »Wenn du mich in den Zeiten der Krankheit und der langen, schwierigen Erholungsphasen nicht durchgetragen hättest, wäre ich heute bestimmt nicht mehr am Leben, um meine Geschichte zu erzählen.«

Als ich von neuem über die Liebe Gottes und seine große Gnade nachdachte, drängte sich mir eine unausweichliche Schlußfolgerung auf: Es gibt nur ein »Geheimnis«, das ich auf meinem Lebensweg erkannt habe – nur eine einzige, simple »Antwort« auf die Frage, wie man als Christ erfolgreich auf dieser Welt leben kann. Das Geheimnis besteht darin, jeden Augenblick an jedem Tag *in seiner Kraft* zu leben.

~ TEIL ZWEI ~

Die Geschichte geht weiter

KAPITEL 15

Mein Buch mit dem Titel *In seiner Kraft* schloß Ereignisse in meinem Leben bis zum Ende des Jahres 1977 ein. Ich hatte so ehrlich darüber berichtet, wie ich nur konnte, und sogar den Schluß neu geschrieben, als Brustkrebs bei mir festgestellt wurde. Seitdem sind 24 Jahre vergangen, und so Gott will, werden David und ich im Juni 2002 unseren 50. Hochzeitstag sowie 50 Jahre gemeinsamen Dienstes feiern! Die Krönung unserer Ehe ist ein Gefühl der Zufriedenheit und des Wohlbefindens, das diejenigen Paare kennen, deren Beziehung gereift ist und die die Wechselfälle des Lebens gemeinsam überstanden haben. Wir freuen uns immer wieder neu über die Güte Gottes und seinen Segen auf unserer ganzen Familie.

Wenn ich darüber nachdenke, was in den vergangenen zwanzig Jahren alles geschehen ist, sehe ich, daß Gott meinen Dienst und Charakter in gewissen *Zeitabschnitten* weiterentwickelt hat. Solange die Kinder zu Hause waren, fühlte ich mich meiner Berufung als Ehefrau und Mutter total verpflichtet. Doch als sie dann alle ausgeflogen waren, überraschte Gott mich damit, daß er David auftrug, eine Gemeinde in New York City zu gründen. So war ich nun erneut Pastorenfrau, eine Rolle, die mir sehr zusagt, weil sie es mir gestattet, Menschen auf einer ganz persönlichen Ebene zu dienen. Mir wurde klar, daß Gottes Timing absolut vollkommen ist. Er hat unser Leben mit Freude erfüllt, wir sind aber auch durch schwere Prüfungen gegangen, die uns geläutert und unsere Liebe zu ihm und zueinander vertieft haben.

Nehmen wir also den Faden der Erzählung wieder auf, und zwar gegen Ende des Jahres 1977 . . .

Nach meiner Krebsoperation überredeten mich David und Dr. Rice schließlich doch, mich einer kurzen Bestrahlungsreihe zu unterziehen, obwohl ich persönlich lieber auf jede weitere Behandlung verzichtet hätte. Sie hatten recht mit dem Argument, daß mir dies bestimmt nicht schaden, vielleicht aber sogar helfen könne. »Tu es deiner Familie zuliebe, Gwen, wenn nicht für dich selbst.« Die vier Behandlungen waren vorbei, ehe ich mich's versah, und schon stand Weihnachten wieder vor der Tür.

Die Weihnachtszeit ist für uns immer sehr schön, und in jenem Jahr genossen wir sie besonders. Die ganze Familie - vier Generationen, einschließlich Davids und meiner Mutter, unserer fünf Kinder (unser Schwiegersohn Roger mit eingerechnet) und unseres 14 Monate alten Enkelsohns Brent - versammelte sich in unserem Haus auf der Twin-Oaks-Ranch, um die Geburt unseres Herrn Jesus Christus zu feiern. Ich erinnere mich, daß es eines der schönsten Familientreffen überhaupt war!

Drei Tage später bekam Debbie ihren zweiten Jungen, Matthew Landon, somit hatten wir jetzt *zwei* Enkelkinder zum Verwöhnen! Das Jahr 1977 ging wesentlich besser zu Ende, als es angefangen hatte. Krebs und Entstellung waren fast vergessen, und das neue Jahr brach verheißungsvoll und mit großer Hoffnung an.

Für die nächsten Jahre war unser Leben erfüllt mit Segen und einem Gefühl des Wohlergehens, während wir uns weiterhin guter Gesundheit und ungetrübten Wachstums erfreuten. Die Kinder wurden groß und trafen klare Entscheidungen für ihr Leben, indem sie z. B. Partner heirateten, die ihre christliche Überzeugung teilten. Nichts erfreut das Herz gläubiger Eltern mehr, als zu sehen, daß ihre Kinder Familien gründen, in denen Jesus Christus geehrt wird. Nur Greg mit seinen 16 Jahren wohnte noch zu Hause. Ich war von Liebe umgeben und fühlte mich gesünder, als das seit Jahren der Fall gewesen war. Ich fing tatsächlich an, mich innerlich zu entspannen und zu glauben, daß das Leben nun, da die Kinder erwachsen und flügge wurden, einfacher und weniger hektisch verlaufen würde. Aber ich hatte mich getäuscht!

»Mama, kannst du mal eben rüberkommen?« Ich hörte die Verzweiflung in Debbies Stimme, als sie mich an jenem kalten Vormittag Ende März 1981 anrief. »Ich habe so furchtbare Schmerzen in der Seite. Ich kann gar nicht aufrecht stehen und habe Angst, Matthew hochzuheben.«

Während ich das kurze Stückchen zu ihrem Haus lief, versuchte ich mich damit zu beruhigen, daß meine Tochter wahrscheinlich nur Muskelkrämpfe hatte, doch als ich die Tränen sah, die ihr übers Gesicht liefen, wußte ich, daß sie wirklich in Not war. Umgehend rief ich bei David im Büro an, denn ich war zutiefst erschrocken – mehr, als ich Debbie merken lassen wollte. Mein Herz war voller Furcht, was wohl ihre Schmerzen bedeuten mochten.

»Ich schicke Roger sofort heim«, erwiderte David, ohne auch nur einen Augenblick zu zögern. »Debbie muß unbedingt zum Arzt, da wird er sie bestimmt hinfahren wollen.« Roger bekleidete einen verantwortungsvollen Posten an der Twin-Oaks-Akademie, aber David war sein Vorgesetzter. Innerhalb von wenigen Minuten war Roger zur Stelle.

Wir hofften alle, daß Dr. Rice bei seiner Untersuchung nur etwas Äußerliches feststellen würde, aber sein Befund verstärkte unsere Sorge noch. Er ordnete einige Tests für Debbie an und riet ihr anschließend, sofort einen Chirurgen aufzusuchen. Während Roger die dringende Bitte des Arztes wiederholte, Debbie möge nicht damit warten, die Tests vornehmen zu lassen, stand mir die Erinnerung an meine eigene Krankengeschichte deutlich vor Augen. Zwei Tage nach ihrer ersten Untersuchung lag Debbie bereits in einem Krankenhaus in Tyler/Texas, wo man sie auf die Operation vorbereitete.

Nachdem wir eine zuverlässige Person gefunden hatten, die sich um Debbies Kinder kümmern konnte, hielten David und ich zusammen mit Roger Wache im Wartezimmer des Operationssaals. Wir hofften und beteten, daß es gute Nachrichten geben möge, aber mein Herz war von Furcht erfüllt. *»Bitte, Herr, laß es sich um falschen Alarm handeln. Laß sie etwas vollkommen Harmloses bei ihr finden.«* Leider war dem nicht so. Der Chirurg sah erschöpft und niedergeschlagen aus, als er nach einer beinahe vierstündigen Operation zu uns ins Wartezimmer kam.

»Es tut mir schrecklich leid«, sagte er und schüttelte den Kopf. »Wir mußten ein ganzes Stück von ihrem Dickdarm entfernen, aber ich glaube, wir haben alles herausbekommen. Es ist schwer zu verstehen, daß ein so junger Mensch diese Art von Krebs haben kann.«

Mich überlief es kalt. *Krebs – Darmkrebs*. Die gleiche Diagnose, die man mir nach der ersten Operation vor vielen Jahren mitgeteilt hatte. *»Warum muß das Ganze noch mal von vorne anfangen, Herr? Ist es meine Schuld? Habe ich meiner Tochter die Krankheit vererbt? O Gott, hilf mir, dir zu vertrauen! Gib uns allen Kraft. Lehre uns zu glauben, Geduld zu haben und durchzuhalten. Hilf uns, nicht an dir zu zweifeln, Herr!«*

Wir waren alle geschockt. David flüsterte zwar ermutigende Worte über Gottes Güte und seine Kraft zu heilen, aber ich sah Tränen in seinen Augen. Roger sah aus, als hätte ihm einer in die Magengrube getreten. Und ich? Ich brach in Tränen aus und weinte ungeniert, unfähig, meinen Kummer und meine Angst für mich zu behalten. Ich hatte große Angst um meine Tochter und ihre beiden kleinen Jungen. Sie war doch erst 27! Wie konnte ihr so etwas passieren?

Eine Woche nach der Operation, als meine hübsche Erstgeborene in ihrem Krankenbett lag, vollgepumpt mit Schmerzmitteln und voller Angst, ob sie wohl je wieder gesund werden würde, brachten die Ärzte noch mehr schlechte Nachrichten. Debbie würde eine starke Chemotherapie benötigen, um ihr die bestmögliche Chance zu geben, die Krankheit völlig zu besiegen. Das Ärzteteam empfahl uns das M. D. Anderson-Krebszentrum in Houston als gute Einrichtung, in der man die richtige Medikamentenmischung, die sie als Chemotherapie brauchte, für sie zusammenstellen würde.

Wir versammelten uns alle zum Gebet und waren uns danach einig, daß Debbie die Chemotherapie erhalten sollte. Schließlich war sie noch sehr jung, und ihre Familie brauchte sie. Wer würde nicht jede Art von Hilfe ergreifen, die Gott bereithielt, selbst wenn diese in Form von starken Chemikalien kam? Es stand zu viel auf dem Spiel, als daß man irgend etwas unversucht lassen durfte. Sobald Debbie kräftig genug war, die Reise anzutreten, brachte Roger sie nach Houston ins Krankenhaus, wo erst die *eigentliche* Tortur begann.

»Werden wir sie verlieren, Herr?« Entsetzt starrte ich auf den bis aufs Skelett abgemagerten Körper, der da zusammengekrümmt in fötaler Stellung im Krankenbett lag, und schrie innerlich zu Gott: »Das kann doch nicht meine Debbie sein, die da liegt. Was haben sie bloß mit meiner Tochter gemacht?«

Die Chemikalien, die in Debbies Blutkreislauf gepumpt wurden, um die Krebszellen abzutöten, schienen auch ihren übrigen Körper zugrunde zu richten. Innerhalb von wenigen Tagen sahen wir sie quasi vor unseren Augen zusammenschrumpfen.

David und ich waren am Tag nach Debbies Einlieferung ins M. D. Anderson-Krankenhaus nach Houston gefahren. Wir wollten unserer Tochter und ihrem Mann unsere Liebe zeigen, ihnen Gebetsunterstützung und Ermutigung geben. Außerdem wollten wir uns versichern, daß Debbie in guten Händen war. Wir wußten, daß unsere Angehörigen und Freunde für uns beteten, und waren dankbar dafür. David sagte extra eine Evangelisation ab, um bei uns im Krankenhaus sein zu können, aber schließlich mußte er abreisen, um an anderen Versammlungen teilzunehmen. Ich blieb in Houston, wo ich in einem Hotel in der Nähe der Klinik wohnte, und Roger war Tag und Nacht an Debbies Seite.

Ich gab mir große Mühe, inmitten dieser verzweifelten Situation eine positive Einstellung zu behalten, aber das war gar nicht so einfach. Um die Wahrheit zu sagen: Ich war ganz schön sauer auf Gott. Es war eine Sache gewesen, selber an Krebs operiert zu werden, aber meine Tochter leiden zu sehen, war wesentlich schlimmer für mich. Ich hätte alles darum gegeben, mit ihr tauschen zu können! Doch das einzige, was ich konnte, war, ihre Hand zu halten, ihr über die fieberheiße Stirn zu streichen, Worte der Liebe und Ermutigung zu flüstern *und zu beten*. Oft wußte ich nicht, ob sie mich überhaupt hörte, aber ich wußte, daß Gott mich hörte.

Roger war immer in der Nähe und hielt sich erstaunlich tapfer für einen jungen Mann, der mit der Möglichkeit rechnen mußte, seine Frau zu verlieren. Die Aussicht, zwei kleine, mutterlose Jungen allein aufzuziehen, muß entmutigend gewesen sein, aber Roger ließ weder Furcht noch Zorn erkennen. Alles, was ich sah, war sein starker, unerschütterlicher Glaube an die Gnade und Heilungskraft Jesu Christi. Wenn er überhaupt einmal über die Zukunft sprach, dann nur im Sinne von »wenn sie wieder gesund ist.« Seine Gelassenheit und Zuversicht trösteten mich, und ich gab mir alle Mühe, mit ihm an Debbies Heilung zu glauben. Sie *mußte* ganz einfach wieder gesund werden!

Die Antikrebsmittel, die Debbie bekam, wurden langsam zurückgeschraubt, und ihr von der Krankheit schwer gezeichneter Körper zeigte endlich wieder Anzeichen von Leben. Sie war zwar entsetzlich dünn, aber sie hatte die Behandlung überlebt! Nach einem Monat im Krankenhaus wurde sie nach Hause entlassen. Es gab eine große Feier auf der Ranch, und zahlreiche Dankgebete stiegen zu Gott empor, als Roger seine noch sehr schwache Frau in ihr Haus trug.

Obwohl sie rund um die Uhr gepflegt wurde und Christen auf der ganzen Welt für sie beteten, erholte sich Debbie nicht richtig. Sie blieb blaß und klagte in den ersten Tagen nach ihrer Rückkehr aus dem Krankenhaus ständig über Magenschmerzen. Als sie anfing, Blut zu spucken, brachte Roger sie auf schnellstem Wege zurück ins Krankenhaus von Tyler. Dort fand man die Ursache der Blutung - eine Perforation der Magenwand. Die Giftstoffe, die bei der Chemotherapie verwendet worden waren, hatten buchstäblich ein Loch in ihren Magen gefressen. In knapp über drei Monaten hatte Debbie zwei umfangreiche Operationen und zwei Serien von Chemos mitgemacht, die sie total geschwächt hatten - und sie war kränker denn je!

Eines Morgens hielt ich gerade meine Gebetszeit, als ich einen besorgniserregenden Anruf von Roger bekam. »Mama, könntest du bitte *sofort* ins Krankenhaus kommen?« fragte er in einem für seine Verhältnisse ungewöhnlich vorsichtigen Ton. Als ich ihm dies zusagte, setzte er leise hinzu: »Sie reagiert nicht auf die Behandlung, Mama. Ich glaube, du solltest so schnell wie möglich kommen.«

Nun war ich wirklich erschrocken! Es war ganz und gar nicht Rogers Art, so bekümmert und entmutigt zu klingen. Ich fürchtete mich vor dem, was ich vorfinden würde, wenn ich zu Debbie ins Krankenhaus käme.

Nachdem ich den Hörer aufgelegt hatte, blieb ich für ein paar Augenblicke allein im Haus sitzen - David war unterwegs zum Evangelisieren. Zuerst weinte ich mit einem Gefühl der Ohnmacht, als ich mich an Rogers Worte erinnerte: »... bitte *sofort* ins Krankenhaus kommen.« Ich hatte bereits in meiner Bibel die Psalmen aufgeschlagen, und während ich jetzt die Seiten umblätterte, bat ich den Herrn um Ermutigung und neue Hoffnung aus seinem Wort.

Mein Blick fiel auf Psalm 100, dessen Worte mich förmlich anzuspringen schienen. Wie oft hatte ich diese Stelle schon gelesen, doch an diesem Morgen in meiner Küche traf sie mich mitten ins Herz. Meine Augen füllten sich mit Tränen der Dankbarkeit, als ich von Gottes Treue las.

Jauchzt dem Herrn, alle Welt!
Dient dem Herrn mit Freuden!
Kommt vor sein Angesicht mit Jubel!

Trotz meiner Sorge schien die Aufforderung, zu »jubeln und zu jauchzen«, seltsam zutreffend zu sein. Als ich so über die ersten beiden Verse nachdachte, sagte ich leise zum Herrn: »Du möchtest, daß ich mich *freue*, nicht wahr, Vater?«

Erkennt, daß der Herr Gott ist!
Er hat uns gemacht, und nicht wir selbst –
sein Volk und die Herde seiner Weide.

Gott erinnerte mich daran, daß er uns gemacht hat und wir selbst gar nichts damit zu tun haben. Lob, Preis und Dank gebühren ihm, zu jeder Zeit, egal, ob wir verstehen, was er tut, oder nicht.

»Herr«, betete ich, »du hast Debbie geschaffen und sie vollkommen gemacht, dafür danke ich dir und preise dich. Hilf meinem Unglauben!«

Zieht ein in seine Tore mit Dank,
in seine Vorhöfe mit Lobgesang!
Preist ihn, lobt seinen Namen!

»Herr, ich will mit Lob und Dank in deine Tore einziehen. Ich preise deinen Namen, Vater; du bist so gut zu uns«, flüsterte ich.

Ehe ich mich's versah, pries ich den Herrn aus ganzem Herzen. Ich spürte, wie seine Gegenwart mir neue Kraft gab, sprang ins Auto und fuhr auf schnellstem Wege ins Krankenhaus. Die Tränen liefen mir über die Wangen, trotzdem summte ich vor mich hin: *»Bleibend ist deine Treu' ... Morgen für Morgen dein Sorgen ich seh!«*

Ein ums andere Mal wiederholte ich Jesu Worte: »Fürchte dich nicht - ich bin bei dir! Fürchte dich nicht - ich bin bei dir!« Gott selbst kam in den Wagen und erfüllte meine Seele mit seiner Gegenwart, mit Frieden und großer Zuversicht. Meine Angst verschwand, und ich wußte, daß er Ausharren, Standhaftigkeit und Geduld in mir bewirkte. In meinem Geist tönte es: *»Gott hat alles unter Kontrolle!«,* und ich wußte: Egal, wie viele Kilometer mich von Debbie trennen, er ist mit seiner Heilungskraft bei ihr.

Der Anblick, der sich mir bot, als ich Debbies Zimmer betrat, verschlug mir fast den Atem: Meine geliebte Tochter saß aufrecht im Bett, trank in kleinen Schlucken Fleischbrühe, die die Schwester ihr gebracht hatte, und auf ihren Wangen war der erste leise Hauch von Rot zu sehen. Sie begrüßte mich mit einem strahlenden Lächeln und sprach aus, was offensichtlich war: »Es geht mir viel besser, Mama!«

Im Bewußtsein, daß ich wieder einmal Zeuge eines göttlichen Wunders geworden war, rief ich laut: »Danke, Jesus, danke! Du läßt uns nie im Stich!« Tiefe Freude und Dankbarkeit erfüllten mein Herz.

Das war der Wendepunkt in Debbies Genesung. Bei einem späteren Gespräch wurde uns bewußt, daß sie angefangen hatte, sich besser zu fühlen, als ich zu Hause auf der Ranch im Gebet war. Von da an ging es stetig bergauf. Innerhalb von ein paar Tagen kam sie für immer nach Hause - schwach zwar und immer noch auf Pflege angewiesen, aber definitiv auf dem Weg zu völliger Gesundheit. Unsere Dankbarkeit gegenüber Gott, der immer noch heilt, hält bis zum heutigen Tag an - und zwar jeden Tag!

Ein Sprung im Glauben

KAPITEL 17

Viel zu schnell, so schien es uns, war unser »Nest« vollkommen leer und die Kinder ausgeflogen. Wir hatten zwar das Glück, Debbie und Roger mit ihren beiden Jungen sowie unsere beiden Mütter in der Nähe zu haben, doch nach all den Jahren der Kindererziehung vermißten wir die Aktivität und jugendliche Lebensfreude in unserm Haus. Mir wurde sehr bald klar, daß Gott uns diese neue Freiheit erleben ließ, damit wir seiner Führung leichter folgen konnten, egal wohin.

David hatte in *jedem* Sommer evangelistische Veranstaltungen in New York City durchgeführt, seit er 1958 zum erstenmal dort gewesen war. Selbst als wir 1970 aus der Stadt wegzogen, kam er Jahr für Jahr mit dem Evangelisationsteam wieder, um Versammlungen für die Menschen dieser riesigen Stadt abzuhalten. Durch das Leben auf der Ranch war David zwar aus New York herausgenommen worden, es hatte aber die Liebe zu den Bewohnern der Stadt nicht aus seinem Herzen nehmen können. Ich war bei einer dieser Sommerevangelisationen mit ihm in New York, als Gott erneut etwas Wunderbares in seinem Herzen bewirkte.

»Was ist los, Dave?« murmelte ich schläfrig, als ich hörte, wie mein Mann das Bett verließ und anfing, sich in unserem Hotelzimmer zu schaffen zu machen. »Du hast doch noch gar nicht geschlafen, stimmt's?«

Die Antwort wußte ich bereits. Mein Mann hatte sich ruhelos hin und her gewälzt, seit wir ins Bett gegangen waren; nun war er aufgestanden und tastete im Dunkeln herum, öffnete Schubladen und schloß sie wieder.

»Ich kann nicht schlafen, Liebling«, kam seine Antwort aus dem Dunkel. »Ich werde mich anziehen und einen Spaziergang machen. Tut mir leid, daß ich dich geweckt habe.« Minuten später hörte ich, wie sich die Tür öffnete und wieder schloß, als er leise aus dem Zimmer schlich.

Ich wußte, daß David sich den Kopf zermarterte über das gewaltige Anwachsen der Probleme, die er in diesem Jahr auf den Straßen New Yorks sah. Obdachlosigkeit, unter der in der Vergangenheit nur die Allerärmsten der Stadt gelitten hatten, war plötzlich zu einem überwältigenden Problem geworden. Es waren nicht länger nur die Alkoholiker und Rauschgiftsüchtigen, die es nicht schafften, ihren Familien ein Dach über dem Kopf zu geben. Viele aus der »armen Arbeiterklasse« hatten ihren Job verloren und waren nun ebenfalls auf der Suche nach Obdach, wo immer es sich finden ließ. Die Zahl der Bettler und Schnorrer am Times Square war erstaunlich hoch.

Eine neue Seuche namens Crack war in der Drogenszene aufgetaucht. Ihre Wirkung war so verheerend, daß das Heroinproblem früherer Jahrzehnte vergleichsweise harmlos anmutete. Die Bandenmentalität, die David unter den Jugendlichen der Stadt angetroffen hatte, als er vor dreißig Jahren mit der Teen-Challenge-Arbeit begann, war vorbei. An ihrer Stelle hatte sich eine egozentrische Einstellung etabliert, gekoppelt mit einer totalen Mißachtung für alles und jeden, der zwischen dem Süchtigen und seinen Drogen stand.

Ich merkte, wie die innere Unruhe bei David zunahm, und wußte, daß es die Hoffnungslosigkeit der Menschen war, die ihn so quälte. Die Verderbtheit und das Böse um uns herum brachen ihm schier das Herz. Es war nicht seine erste schlaflose Nacht und auch nicht das erste Mal, daß er mitten in der Nacht das Haus verlassen hatte, um zu beten und den Herrn zu fragen, wie er die Verlorenen erreichen könne. Ich versuchte immer, mir keine Sorgen um ihn zu machen, wenn er durch die schmutzigen, dunklen, mit Verbrechen verseuchten Straßen lief, hatte aber gewöhnlich den Rest der Nacht im Gebet für seine Sicherheit verbracht, bis ich ihn ins Zimmer zurückkommen hörte. Diese Nacht bildete keine Ausnahme.

Die Uhr zeigte bereits nach vier an, als David wiederkam. Draußen war es noch dunkel, doch der Morgen war nicht mehr weit. Ich fühlte mich erschöpft durch den Mangel an Schlaf, während mein Mann neue Energie ausstrahlte.

Er warf einen Blick auf mich, um zu sehen, ob ich wach wäre. Ich war wach! »Gwen, Liebling«, begann er, »ich habe eben eine sagenhafte Unterredung mit dem Herrn gehabt und muß dir etwas ganz Wichtiges mitteilen.« *Im gleichen Moment wußte ich Bescheid!* Vermutlich hatte ich es bereits seit längerem kommen sehen, aber in diesem Augenblick sah ich das Bild völlig klar vor meinem inneren Auge.

»Wir ziehen wieder nach New York, Dave, stimmt's?« fragte ich ruhig, noch ehe er weitersprechen konnte. »Der Herr möchte, daß du zurückkommst, um hier Gemeinde zu bauen, hab' ich recht?«

Auf Davids Gesicht spiegelte sich zunächst Überraschung, dann Erleichterung. »Ja«, erwiderte er, »wir kehren zurück in diese Stadt. Ich habe so lange dafür gebetet, daß der Herr irgend jemanden mit einer starken Botschaft für die Leute hier erwecken möge, jemand, der inmitten dieser ganzen Sünde und Verdorbenheit Gemeinde Jesu baut. Doch je mehr ich gebetet habe, um so überzeugter wurde ich, daß Gott der Meinung zu sein scheint, *ich* sei der Mann. Ich muß ganz einfach ja dazu sagen.«

Trotz meiner Müdigkeit gab ich mir die größte Mühe, enthusiastisch zu klingen. »*Natürlich* mußt du das, Dave.« Noch während ich diesen Satz aussprach, zog der Friede Gottes in mein Herz ein, Zweifel und Furcht waren wie weggeblasen. Ich wußte mich in vollkommener Übereinstimmung mit der Entscheidung meines Mannes und seinem »Sprung im Glauben« nach New York. Ich verspürte sogar einen gewissen Anflug von Begeisterung und Vorfreude tief in meinem Innern. Nach New York zurückzugehen, war bestimmt nicht das, was ich mir vorgestellt hatte, wenn unsere Kinder einmal erwachsen wären, aber irgendwie schien es ganz einfach *richtig* zu sein. Das ist eins der schönen Dinge, die ich in bezug auf den lieben Vater im Himmel gelernt habe: Wenn wir unseren Willen ihm unterordnen, umgibt er uns mit seinem vollkommenen Frieden. Wie bereits in der Vergangenheit, war es auch jetzt wieder so, daß Gottes Ruf an David mit einer stillen Zuversicht in meinem eigenen Herzen einherging. Wir waren ein Team – und wir waren zusammen an dieser Sache beteiligt!

Die Herzen erfüllt mit Hoffnungen und Plänen in bezug auf den Ruf Gottes nach New York City, kehrten David und ich nach Texas zurück. Ich mußte an meinen ersten Umzug nach New York vor vielen Jahren denken und welche Ängste ich damals ausgestanden hatte. Auch wenn ich heute nicht mehr die gleiche naive junge Mutter war, brauchte ich Gottes Kraft und Führung genauso dringend wie damals.

Angehörige und Freunde reagierten begeistert auf die Nachricht des bevorstehenden Wechsels, und einige von Davids Mitarbeitern – z. B. seine Privatsekretärin Barbara Mackery und ihr Mann Jimmie – waren bereit, unverzüglich die Koffer zu packen und umzuziehen. Die World-Challenge-Zentrale würde weiterhin in Texas sein und unser Schwiegersohn Roger mit seiner Familie dort bleiben, um die Arbeit zu leiten.

David und ich fuhren zusammen mit Barbara und Jimmie Anfang 1987 nach New York, um nach einer geeigneten Wohnung für unsere beiden Familien zu suchen. Wir mußten ein größeres Gebäude für die Gottesdienste mieten, und David wollte so nah wie möglich am Times Square sein. Wir konnten zwei im Bau befindliche Eigentumswohnungen für uns reservieren lassen, und David wählte das Town-Hall-Theater an der 43rd Street/Broadway als den Ort aus, an dem die »Times Square Church« ihre Gottesdienste beginnen würde.

Davids Absicht war es gewesen, diese Gemeinde zu gründen, indem *neue* Menschen zu Jesus gerufen wurden und sich bekehrten; doch als die ersten Gottesdienste im Oktober 1987 stattfanden, bestand die Zuhörerschaft aus einem Querschnitt durch die Bevölkerung der Stadt. Viele waren bereits entschiedene Christen, die seit Jahren für eine Gemeinde dieser Art im Zentrum von Manhattan gebetet hatten.

Am zweiten Abend mußten zwei- bis dreihundert Menschen weggeschickt werden, weil kein Platz mehr war. Wir hatten zwar in Zeitungsanzeigen auf unsere Eröffnungsgottesdienste hingewiesen, aber es war die mündlich verbreitete Nachricht, daß David Wilkerson wieder in New York predige, die ein unglaubliches Echo hervorrief. Von Anfang an strömten geistlich hungrige Menschen in die Times Square Church, um der Verkündigung von Gottes Wort zu lauschen.

Innerhalb von drei Monaten war offensichtlich, daß ein größerer Zuhörersaal benötigt wurde, und so zogen wir ins Nederlander-Theater an der 41st Street/Broadway um. Doch obwohl dieser Saal wesentlich mehr Sitzplätze hatte als der im Town-Hall-Theater, war er von Anfang an überfüllt. Der Herr fuhr fort, die Times Square Church mit Wachstum zu segnen. Daraufhin beschlossen David und der World-Challenge-Vorstand, dem Werk ein *permanentes* Zuhause zu geben.

Im März 1989 kauften wir das Mark-Hellinger-Theater an der 51st Street/Broadway - das Theater, in dem »Jesus Christ Superstar« uraufgeführt und über lange Zeit gezeigt worden war. Tausende von Menschen aus dem Herzen New Yorks und darüber hinaus strömten in die Gottesdienste. Schließlich fanden jeden Sonntag drei Versammlungen statt, plus drei während der Woche, so daß fast 7000 Menschen jede Woche teilnehmen konnten.

Das Werk wuchs jedenfalls viel schneller, als ich das jemals für möglich gehalten hätte, und Gott benutzte die Gemeinde, um Menschen zu erreichen, die in Not waren. Er veranlaßte uns, das »Haus Sara« zu eröffnen, eine Einrichtung, in der Frauen, die drogen- oder alkoholabhängig sind, von ihrem Partner mißhandelt wurden oder ungewollt schwanger geworden sind, und Kinder, die Hilfe brauchen, Unterkunft und Betreuung finden, bis sie so weit wiederhergestellt sind, daß sie für sich selber sorgen können. Außerdem hat der Herr uns so geführt, daß wir uns um Männer mit jeder Art von lebensbeherrschenden Problemen kümmern. Und durch die Gnade Gottes und die Mittel, die er uns zur Verfügung stellt, sind wir in der Lage, Mahlzeiten an Hungernde auszugeben - bis zu 150 000 Mahlzeiten pro Jahr.

Wir waren echt beschämt, zu erleben, wie Gott unsere geringsten Bemühungen benutzt und aus winzigen Samenkörnern des

Glaubens und Vertrauens eine große Ernte hervorgebracht hat. Ich dachte, wir würden einen großen Glaubensschritt tun, als wir nach New York zurückgingen, doch in Wirklichkeit waren es nur klitzekleine Gehorsamsschrittchen. Die eigentliche Kraft kam von oben, und wir standen kurz vor einer weiteren Zerreißprobe, die Gottes Kraft erneut eindrücklich unter Beweis stellen sollte.

Gute Zeiten – schlechte Zeiten

KAPITEL 18

Gott gab vermehrt seinen Segen in und durch die Times Square Church, und seine Hand war auf wunderbare Weise über unserer Familie. Wir wurden mit einigen weiteren Enkelkindern gesegnet, und unser Becher floß in der Tat über!

Nur ein einziges kleines Wölkchen war in dieser Zeit am Horizont zu sehen, und das hing über Bonnie. Sie und ihr Mann, Roger Hayslip, waren nach El Paso/Texas gezogen, um unter Obdachlosen zu arbeiten, und ihre Gesundheit hatte sich so sehr verschlechtert, daß der Arzt ihr eine Totaloperation empfahl. Bonnie hatte sich dringend noch ein weiteres Kind gewünscht, deshalb war diese Nachricht ein schwerer Schlag für sie.

1991 gab Bonnie schließlich nach, und man setzte einen Termin für die Operation fest. Ich schmiedete bereits Pläne, nach El Paso zu fliegen, um bei ihr und ihrer Familie zu sein und notfalls sogar länger zu bleiben, nachdem sie aus dem Krankenhaus entlassen wäre. Aber es sollte anders kommen. Kurz vor ihrem Operationstermin entdeckte ich einen Knoten in meiner Brust. Vierzehn Jahre lang hatte ich sorgfältig und gewissenhaft auf meine Gesundheit geachtet. *Vierzehn Jahre!* Und nun mußte ich feststellen, daß irgend etwas nicht stimmte. Ich wußte, ich durfte nicht einfach darüber hinweggehen, und vereinbarte deshalb – obwohl mir der Zeitpunkt äußerst ungelegen kam – einen Termin bei meinem Arzt.

Der Doktor versuchte, mich zu beruhigen, als ich ihn bat, eine Biopsie vornehmen zu lassen. »Ich bin sicher, daß es sich lediglich um fibröses Gewebe handelt«, sagte er, aber ich war keineswegs beruhigt. Schließlich meinte er: »Na ja, eine Biopsie läßt sich sicher leicht arrangieren, und Sie werden erleichtert sein, wenn Sie wissen, daß Sie sich keine Sorgen mehr zu machen brauchen.«

Doch es stellte sich heraus, daß meine Sorgen durchaus berechtigt waren, denn die Biopsie enthüllte - genau wie die erste vor vierzehn Jahren - bösartige Zellen. Anstatt also wie geplant zu Bonnie nach Texas zu fliegen, wurde ich ins Cornell Medical Hospital in New York eingewiesen, um mir die verbliebene Brust abnehmen zu lassen. Noch größer als meine Angst waren mein Zorn und meine Empörung. Dies war mein vierter Kampf mit dem Krebs, und ich fragte mich, wann diese elende Krankheit mich endlich in Ruhe lassen würde.

Trotz seines vollen Terminkalenders war mein Mann stets an meiner Seite, wenn ich ihn brauchte. Seine Unterstützung war für mich überlebensnotwendig. Wenn ein Mann erfährt, daß seine Frau Brustkrebs hat, ist seine Reaktion ein entscheidender Faktor, ein Werkzeug von unschätzbarem Wert, um ihr Mut zu machen. Viele Männer werden einfach nicht damit fertig, und ich kann mir gut vorstellen, wieviel größer die Not ist, die eine Frau durchmacht, wenn so etwas passiert. Wie dankbar bin ich für David und seine bedingungslose Liebe zu mir! Er war felsenfest davon überzeugt, daß Gott mich auch diesmal durchbringen würde, so wie er es in der Vergangenheit immer wieder getan hatte. Am Operationsmorgen betete er für mich, aber wir beteten auch für Bonnie, die am folgenden Tag in ein Krankenhaus in Texas eingeliefert werden sollte.

Der Chirurg kam herein und fragte: »Sind Sie bereit?« Ich bejahte mit einem Kopfnicken, woraufhin er meinte: »Na, dann können wir ja *gehen!*«

Es dauerte einen Moment, bis ich begriff, daß er von mir erwartete, zu Fuß in den Operationssaal zu gehen und selber auf den Operationstisch zu klettern. Ich war sehr erstaunt über seine »Bitte«, erfüllte sie jedoch ohne Kommentar. Inzwischen reagierte ich nur noch mechanisch; was für einen Zweck hatte es, irgendwelche Fragen zu stellen? Im übrigen - ich machte mir Sorgen um meine Tochter, und während die Narkose zu wirken begann, galt mein letzter Gedanke Bonnie. *Wie es Bonnie wohl gehen mag? Ich wünschte, ich könnte bei ihr sein!*

An den Operationstag erinnere ich mich nur noch dunkel, aber ich weiß, daß ich in Gedanken ständig mit Bonnie beschäftigt war. Am nächsten Tag erkundigte ich mich nach ihr, und David berichtete mir, daß ihre Operation gut verlaufen sei; dann wechselte er rasch das Thema. »Entspann dich jetzt und kümmere dich um *Gwen*«, war seine Antwort. »Du brauchst Zeit, um gesund zu werden.«

Die ersten Tage nach der Operation hatte ich mit den Folgebeschwerden des Eingriffs zu kämpfen. Ich nahm schmerzstillende Mittel und schlief soviel wie möglich, konnte mich aber eines Gefühls der Unruhe wegen Bonnie nicht erwehren. Ich hätte Davids Beteuerungen zwar gern Glauben geschenkt, befürchtete jedoch, daß er mir irgend etwas verheimlichte. Nicht der leiseste Anflug einer ausweichenden Antwort entging mir.

Am dritten Tag *mußte* ich einfach wissen, was los war. »Sag mir, wie es Bonnie geht«, verlangte ich, als David mich besuchen kam. »*Ist sie okay*? Ich mache mir solche Sorgen um sie.«

In Davids Augen glänzten Tränen, während er sich Mühe gab, ruhig zu antworten. »Man hat Krebs in ihrer Gebärmutter festgestellt, Gwen. Sie ist sehr krank und hat große Angst. Man will mit Bestrahlungen anfangen, sobald sie kräftig genug ist, anschließend soll sie auch noch Chemotherapie und eine Kobaltbehandlung bekommen.«

Ich hätte am liebsten laut geschrien: »O Gott, nein! Nicht Bonnie auch noch! Das ist mehr, als ich ertragen kann!« Doch ich beherrschte mich und sagte so ruhig und bestimmt wie möglich: »Dann werde ich dieses Krankenhaus verlassen und zu ihr fahren. In einer solch schweren Zeit dürfen wir sie nicht allein lassen!« Nichts, was die Ärzte oder meine Familie sagten, konnte mich davon abbringen, das Krankenhaus zu verlassen und den erstbesten Flug nach El Paso zu nehmen. Als David sah, daß jede Diskussion umsonst war, machten wir uns gemeinsam auf den Weg zum Flughafen.

Ich habe Bonnie gebeten, im nächsten Kapitel selber über ihre Krankheit zu berichten.

Bonnies Geschichte – in ihren eigenen Worten

KAPITEL 19

An einem warmen, sonnigen Apriltag war ich allein zu Hause in El Paso, mit den üblichen Hausarbeiten beschäftigt. Mein Mann Roger war auf der Arbeit und unsere beiden Jungen in der Schule. Eine Woche vorher hatte ich mich einer Routineuntersuchung beim Arzt unterzogen, aber bisher noch keine Nachricht über den Befund erhalten. Ich rechnete mit der üblichen Postkarte, die mich davon in Kenntnis setzte, daß alles normal sei. Statt dessen klingelte das Telefon, und die Stimme am anderen Ende der Leitung überbrachte die verheerendste Nachricht, die ich mir jemals hätte vorstellen können: »Bonnie, Ihre Untersuchungsergebnisse sind soeben eingetroffen, und ich möchte, daß Sie umgehend einen Onkologen aufsuchen. *Sie sind voller Krebs.* Die Biopsie hat Krebs an der Gebärmutterschleimhaut ergeben, und dieser könnte bereits auf den Gebärmutterhals übergegriffen haben.« Nie hätte ich mir träumen lassen, eine solch schlechte Nachricht am *Telefon* zu erhalten, und ich war darüber bis ins Mark erschüttert. Das einzige, was ich heraushörte, war: *»Sie werden an Krebs sterben.«*

Völlig benommen lief ich im Zimmer auf und ab und konnte das Gehörte fast nicht glauben. *Was sollte ich tun? Wen sollte ich anrufen?* »O Gott, hilf mir!« Kaum fünf Minuten nach dem Anruf hörte ich die vertraute Stimme meines Mannes, der früher als gewohnt von der Arbeit gekommen war. »Wo bist du, Schätzchen?

Ich bin schon da!« Ich fiel in seine Arme und merkte, wie erschrocken er über mein Aussehen war.

»Bonnie, was ist los? Was ist passiert? Etwas mit den Jungs?« Roger, stets der starke Fels in unserer Familie, hielt mich fest in seinen Armen, während er versuchte, mir eine Antwort zu entlokken.

»Ich habe Krebs! Ich habe Krebs!« Immer wieder stammelte ich diesen einen Satz, x-mal hintereinander, und mit jedem Mal wurde meine Angst größer. Obwohl Roger mich eng umschlungen hielt und nicht losließ, spürte ich, daß auch er mir diesmal nicht helfen noch mich trösten konnte. Diesen Kampf mußte ich ganz allein ausfechten, und ich wußte es.

Der 28. April 1991 war in der Tat ein sehr langer Tag. Nachdem Brandon und David aus der Schule gekommen waren, ließ ich weder sie noch Roger aus den Augen. Für den Rest des Tages kreisten meine Gedanken immer um die gleichen Fragen: *Werde ich sterben? Ich bin doch erst 36. Werde ich meine Kinder überhaupt noch großziehen können? Und wie werden die Jungen mit dieser schlimmen Nachricht fertig werden?* Ich fiel in ein tiefes, dunkles Loch, das mir vorkam wie das Tal der Todesschatten, und von Tag zu Tag verlor ich mehr an Boden.

Ich hatte dem Herrn mein Leben lang gedient, doch nun, da ich vor einer solch schweren Prüfung stand, war mir angst und bange. Ich hatte mir eine Spielwiese gewünscht, war aber statt dessen plötzlich mit der harten Realität konfrontiert, einem Kampf für reife Erwachsene. Ich wußte, daß nur die Starken im Glauben diese Art von Kampf gewinnen, und fühlte mich weder erwachsen noch stark im Glauben. Ich sprach sogar mit Gott darüber: »Bitte, lieber Gott, nicht diesen Weg, *bitte!* Dort drüben gibt es einen Weg, mit dem ich bestimmt viel besser zurechtkommen würde. Ich dachte, du hättest versprochen, mir nur das zu geben, was ich auch tragen kann. Herr, ich schaue auf meine Füße und *weiß*, daß ich diesen Weg nicht gehen kann. *Und ich will ihn auch gar nicht gehen!*« Stellen Sie sich das vor: Jemand sagt nein zu Gott!

Nachdem ich mit meiner anfänglichen Furcht fertig geworden war und langsam anfing, die Wahrheit zu begreifen, wußte ich, daß das einzige, was mich außer dem Herrn im Augenblick trösten konnte, die Stimme meiner Mutter war. Doch die lag z. Zt. in einem Krankenhaus in New York und wartete darauf, an Brustkrebs operiert zu werden. Ich wollte sie nicht vor der Operation beunruhigen, weil sie schon genug mitgemacht hatte, aber irgendwie mußte ich es Papa sagen. Mein Herz war schwer seinetwegen, weil er schon so oft mit Krebs konfrontiert gewesen war; zuerst bei meiner Mutter, dann bei meiner Schwester und nun bei mir. Ich fühlte mich nicht stark genug, ihn am Telefon zu informieren, denn ich wußte, daß ich beim Klang seiner Stimme die Beherrschung verlieren würde. Ich wußte nicht, was ich tun sollte, also tat ich an diesem Abend überhaupt nichts.

Mein Schwager Roger Jonker arbeitete mittlerweile im Büro in New York. Ihn rief ich am nächsten Tag an und berichtete ihm, was los war. Roger ließ Papa umgehend wissen, daß er ihn unbedingt persönlich sprechen müsse. Als er Papa erzählte, daß ich Krebs hätte, lautete dessen Antwort: »Krebs? Nicht schon wieder! Nicht auch noch meine andere Tochter! Nicht jetzt!« Papa stimmte mit uns überein, daß es das Beste sei, Mama die Nachricht erst nach ihrer Operation mitzuteilen. Er wußte natürlich, wie schwierig es sein würde, Mama irgend etwas zu verheimlichen – so ähnlich, als würde man General Patton erzählen, es gäbe keinen Krieg. Ich habe Mama, wenn eine Not ins Haus steht, immer gern mit einem geistlichen General Patton verglichen. Sie bricht angesichts der Not nicht zusammen – sie kämpft dagegen an! Deswegen brauchte ich sie ja so dringend. Ich mußte sie unbedingt in meiner Nähe haben, mit ihrem unerschütterlichen Glaubensmut, um mir zu sagen: »Liebling, da kommen wir durch! Halt dich fest – und VERTRAU DEM HERRN.«

Mama ist clever, und es ist ganz schön schwierig, sie zu täuschen. Nach ihrer Operation, als sie noch im Krankenhaus lag, ging ihr innerer Radar los und sie sagte zu Papa: »Was ist mit Bonnie los? Irgend etwas stimmt mit meiner Bonnie nicht. Ich weiß es ganz einfach. Sag es mir, Dave, jetzt sofort!«

Papa konnte Mamas hartnäckigen Fragen nicht länger ausweichen. Er nahm sie in die Arme und sagte: »Gwen, Bonnie hat Krebs. Die Untersuchungsergebnisse sind gekommen, und es sieht gar nicht gut aus. Sie hat Gebärmutterkrebs, und man kann nicht ausschließen, daß er bereits auf die Lymphknoten übergegriffen hat.«

Mama bestand darauf, mich umgehend anzurufen, und ich war sehr erleichtert, endlich die Stimme zu hören, nach der ich mich so sehr gesehnt hatte. Ich weinte und weinte, während sie mit mir sprach, und Mamas Worte strahlten eine ruhige Gewißheit aus, daß Gott bei mir sein würde - jede Minute meiner schweren Prüfung. Nachdem ich den Hörer aufgelegt hatte, strafften sich meine Schultern, und ich war bereit zu kämpfen. »Generalin Patton« hatte ihre glühende Entschlossenheit, bis zum Schluß zu kämpfen, auf mich übertragen und mir Instruktionen gegeben, wie der Kampf gewonnen werden konnte - durch unseren Glauben und unser Vertrauen zu Jesus.

Mama schritt gleich im Krankenzimmer zur Tat. Ungeachtet ihrer Verbände und Schläuche war sie entschlossen, nach El Paso zu fliegen, und plante bereits ihre Reise. Sie war überzeugt, Gott würde ihr die nötige Kraft geben, und setzte ihren Glauben in die Tat um. Das ist es, was mich an meiner Mutter immer am meisten beeindruckt hat: ihr Glaube an Gott zeigt sich jeder Lage gewachsen. Gott scheint volles Vertrauen zu ihr zu haben, daß sie mit allem, was ihr widerfährt, fertig wird; Mama wiederum hat volles Vertrauen zu ihrem Gott, daß er sie durchbringen wird. Gott wußte auch, daß seine kleine Gwen der Schlüssel sein würde, um meine Furcht vor dem Krebs zu besiegen.

Meine Operation fand am 7. Mai 1991 statt, und als ich aus der Narkose erwachte, sagte mir ein Blick in das Gesicht meines Mannes alles. Er sah fürchterlich aus, aber er streichelte mir übers Haar und versicherte mir, wie lieb er mich habe. Einige unserer engsten Freunde waren ebenfalls da, und alle sahen furchtbar traurig aus. Roger sagte: »Deine Mama und dein Papa kommen aus New York.« Da wußte ich, daß der Krebs weitergefressen haben mußte. Zwar hatte ich gerade das ganz und gar nicht hören wollen, aber ich würde es in den kommenden Monaten immer wieder zu hören bekommen.

Papa hatte mir zwei Dutzend gelbe Rosen geschickt, um mich daran zu erinnern, wie lieb er mich hatte. Später erfuhr ich, daß Mama auf dem Flug nach El Paso einen harten Kampf auszufechten hatte. Papa erzählte mir, sie habe ziemlich viel geweint, aber trotzdem nie ihre Zuversicht verloren, daß Gott ihrer Tochter helfen werde.

Ich hatte einen hochqualifizierten, erfahrenen Arzt, der allerdings nicht gut mit den Kranken umgehen konnte. Nachdem er mich operiert hatte, sagte er zu meinem Mann: »Sie ist voller Krebs, sie wird es niemals überstehen. Ihr ganzer Körper ist befallen - sie wird sterben.« Der Doktor stieß diese Worte mit der Sachlichkeit eines Roboters aus. Kein Wunder, daß Rogers Gesicht so trostlos ausgesehen hatte. Auch Mamas Geduld mit diesem tollpatschigen, scheinbar herzlosen Arzt sollte noch auf eine harte Probe gestellt werden.

Nie werde ich den Augenblick vergessen, als Mama und Papa ins Krankenzimmer kamen. Endlich hatte ich das, was der Doktor angeordnet hatte: die tröstliche Gegenwart meines Mannes *und* meiner Eltern. In dem Moment, als Mama sich über mich beugte und mich in die Arme schloß, übernahm sie das Regiment im Krankenzimmer. Lachend sah ich zu, wie sie meine Bettdecke glattzog und dafür sorgte, daß die Krankenschwester ihre Sache richtig machte. (Unsere ganze Familie ist der Ansicht, Mama hätte die beste Krankenschwester der Welt abgegeben.) Mama wurde auch mein »Rausschmeißer«. Wenn ich zu müde war, um Besuch zu empfangen, oder es im Zimmer zu laut und hektisch wurde, eskortierte sie die Leute »auf liebenswürdige Art und Weise« nach draußen.

Als Mama hörte, mit welcher Herzlosigkeit der Doktor meinen Mann über meinen Zustand informiert hatte, war sie entsetzt. Sie wartete nur auf den richtigen Augenblick, ihm den Kopf zurechtzusetzen. »Wie kann er es wagen zu sagen, es gebe keine Hoffnung für meine Tochter?« (*General Patton läßt grüßen.*)

Immer, wenn Mama etwas Ruhe brauchte, überredete Papa sie, in unser Haus zu gehen und sich ein bißchen hinzulegen. Dann saß mein Vater an meinem Bett, und ich sah zwischen Schmerzmitteln und kurzen Nickerchen den großen Schmerz auf seinem Gesicht. Wie oft hatte er dieses Bild schon vor sich gehabt, daß eins seiner Lieben im Krankenhaus lag und den gleichen Kampf kämpfte! Ich bin sicher, wenn Papa kein Beter gewesen wäre, hätte er verzweifeln können. Trotz seines starken

Glaubens war es für ihn immer noch schwer genug. Menschen verstehen diese Art von Herzeleid erst, wenn sie es selber erlebt haben.

Mein Arzt lernte sehr schnell, daß seine Art, mit den Kranken umzugehen, in Mamas Nähe besser werden mußte. Sie ist nicht dumm und nimmt kein Blatt vor den Mund! Mit meiner Radiologin, Dr. Anarupta Gupta, war das jedoch eine andere Geschichte. Mama war sehr zufrieden, als sie ins Zimmer kam.

Dr. Gupta, die aus Indien stammte, war sehr klug und sachlich, aber trotzdem lieb und sympathisch. Ich mochte sie sofort und dankte Gott im stillen für sie. Schlußendlich würde sie sich als stabilisierender Faktor in der kommenden schweren Zeit erweisen. Sie setzte sich mit Roger, mir und meinen Eltern zusammen, um uns über meine Krebserkrankung und die notwendige Behandlung aufzuklären. Das meiste nahm ich nur verschwommen wahr, was ich aber klar und deutlich hörte, war: »Wenn Bonnie diese Behandlungen nicht bekommt, wird sie nicht überleben.« Diese Worte trafen mich hart! Die besagte Behandlung würde aus sechs Monaten Bestrahlung, sechs Monaten Chemotherapie und drei Tagen Krankenhausaufenthalt zwecks Kobaltbehandlung bestehen. Letztere würde in totaler Isolation stattfinden. Ich sah Tränen in Mamas Augen. Papa hielt Mama im Arm, Roger hielt mich im Arm, und Gott hielt uns alle fest! Trotzdem war es ein äußerst schwieriger Moment.

Mama und Papa mußten nach kurzem Aufenthalt wieder nach New York zurückfliegen. Sie waren beide so lieb zu uns gewesen, und wir ließen sie nur ungern ziehen, aber sie mußten dringend zurück. Sie waren derselben Ansicht wie Roger, daß ich Hilfe im Haushalt brauchte, und wir erinnerten uns an eine liebe, warmherzige Frau mit Namen Ann, die schon Mama einmal geholfen hatte. Als ich sie anrief und fragte, ob sie kommen könne, erwiderte sie, sie wolle zuerst darüber beten und mir ihre Antwort dann umgehend zukommen lassen. Als sie zurückrief und zusagte, zu uns zu kommen und uns zu helfen, waren wir alle sehr froh und erleichtert.

Am Tag bevor ich zur M. D. Anderson-Klinik in Houston fuhr, um ein zweites Gutachten über die weitere Behandlung einzuholen – meine Eltern waren bereits nach New York zurückgeflogen –, fiel ich in ein tiefes, schwarzes Loch. Angst überwältigte mich, ich konnte nicht mehr kämpfen, sondern streckte schon jetzt die Waffen. Ich konnte nichts mehr essen, ließ die Schultern hängen und war völlig verzweifelt. An diesem Abend rief Mama mich an, und als sie merkte, in welch einer Gemütsverfassung ich mich befand, hielt sie mir eine gewaltige Standpauke. Mama ist eine sehr praktische Frau, die mit beiden Beinen auf der Erde steht, und obwohl sie ein weiches Herz hat, kann sie sehr energisch und geradeheraus sein.

»Hör zu, Bonnie«, sagte sie, »du mußt wieder anfangen zu kämpfen. Du mußt Gott vertrauen, er bringt dich durch. Bei jedem Schritt ist er da. Denk an seine Verheißungen! Du hast einen wunderbaren Mann und zwei entzückende Jungen, die dich liebhaben und die dich brauchen. Also, reiß dich zusammen und sieh zu, daß du etwas ißt!« *Jawohl, General Patton!* Ich tat, wie mir befohlen, und schaffte es tatsächlich, die Nacht zu überstehen – dankbar für solch eine starke Mutter, die wußte, wie man betet.

Die Ärzte im M. D. Anderson-Krebszentrum stimmten mit der Diagnose der anderen Ärzte, deren Prognose und empfohlenem Behandlungsplan überein. Die Bestrahlungen würde ich in El Paso bekommen, und zwar ab Juni. Mama kam für einen Großteil der Zeit zu mir, und meine wunderbare Schwägerin Teresa leistete uns ebenfalls mit ihrem Töchterchen Alyssa Gesellschaft. Es war für mich eine große Hilfe, von lieben Angehörigen umgeben zu sein. Mama sorgte wie üblich dafür, daß zu Hause alles reibungslos lief. Sie kochte und putzte, kümmerte sich um Brandon und David und fuhr mich in die Krebsklinik und zurück. Sie versuchte, es mir so bequem wie möglich zu machen – obwohl sie selber gerade erst eine schwere Operation hinter sich hatte.

Die Bestrahlungen schwächten mich kolossal, und ich konnte nur ganz bestimmte Speisen zu mir nehmen. Mama machte fast jeden Abend köstlichen Kartoffelbrei – und mein Haus war nie sauberer!

Papa ermutigte mich bei seinen Anrufen mit der Versicherung, daß alle in der Times Square Church eifrig für mich beteten. Mein Vater trat im Gebet wirklich für mich in den Riß. Ich erhielt aufgrund seiner Rundbriefe Hunderte von Karten und Briefen aus aller Welt, die mir über manchen schweren Tag hinweghalfen.

Nachdem die Bestrahlungen zu Ende waren, vereinbarte Dr. Gupta einen Termin für das Kobalt-Implantat. Ich hatte keine Ahnung, was das war, aber ich wollte die Sache einfach so schnell wie möglich hinter mich bringen. Mama wich nicht von meiner Seite. Sie war bei den Bestrahlungen in meiner Nähe gewesen und würde auch während der Kobaltbehandlung dasein. Dr. Gupta erklärte mir, daß ich für drei Tage flach auf dem Rücken liegen müsse, nachdem das Kobalt operativ in meine Gebärmutter implantiert worden sei. Ich wollte gut vorbereitet sein, also packte ich einige von Papas Predigtkassetten ein, außerdem etliche Musikkassetten, meine große schwarze Bibel und etwas zum Schreiben. Ich hatte vor, eine tolle Zeit vor dem Herrn zu haben und richtig tapfer zu sein. Ich wollte Gott, meiner Familie und den Krankenschwestern zeigen, wie stark ich wirklich war. Schließlich war ich die Tochter meiner Mutter! Doch ich hatte mich schwer getäuscht. Ich hatte absolut keine Ahnung von dem, was kommen würde!

Als ich nach der Operation die Augen aufschlug, stellte ich fest, daß meine Beine hoch gelagert worden waren und ich nicht imstande war, meinen Körper zu bewegen. Aufgrund dieser Schräglage konnte ich mich überhaupt nicht aufsetzen – und ich mußte volle drei Tage lang in dieser Position liegen bleiben. Zu allem Übel kam noch hinzu, daß die Krankenschwestern nur für jeweils fünf Minuten zu mir hereinkommen durften, weil der Strahlenpegel in meinem Körper so hoch war. Sogar Roger und Mama durften mich nur für zehn bis fünfzehn Minuten am Tag besuchen – und das war riskant genug.

Auf Mama kam eine ganze Menge zu, als sie mich an diesem ersten Tag im Krankenhaus besuchte. Die Tür zu meinem Zimmer war mit Strahlenwarnungshinweisen zugepflastert, und das Herz wurde ihr schwer, als sie mich so hilflos auf dem Rücken liegen sah, vollgepumpt mit gefährlicher radioaktiver Strahlung. Ich hatte noch nie etwas vor Mama verbergen können, und sie merkte sofort, daß es mir nicht gut ging. Predigtkassetten und Schreibzeug waren unberührt, es lief auch keine inspirative Musik im Zimmer. Mama wußte, daß ich Angst und auch Schmerzen hatte, und mir war klar, daß alle meine Hoffnungen, eine tapfere

Patientin zu sein, zunichte gemacht waren. Die Realität der Situation traf uns beide schwer.

Als Mama meine enorme Angst bemerkte und ihr klar wurde, daß ich innerlich bereits aufgegeben hatte, fing sie an zu beten. Sie konnte nicht einmal meine Hand halten, weil sie mich nicht berühren durfte. Man hatte ihr erlaubt, zehn Minuten zu bleiben, doch die kamen mir vor wie zehn Sekunden. Mama wußte, wie schrecklich es für mich sein würde, wenn sie wieder ging, doch ich konnte mir nicht vorstellen, wie niederschmetternd das für sie war. Diesmal konnte sie nicht für mich sorgen und mich nicht betreuen. Sie mußte gehen und mich in den Händen Gottes zurücklassen. Erst später erfuhr ich, was für ein traumatisches Erlebnis dies für Mama war, denn in meiner Gegenwart zeigte sie sich stark und ließ sich ihre Furcht und ihren Schmerz nicht anmerken.

Am Abend des dritten Tages hatte ich das Gefühl, es sei alles aus. Ich spürte jeden Pfeil, den der Teufel auf mich abschoß, und konnte nicht einmal mehr den Namen »Jesus« aussprechen. Ich befand mich wirklich im Tal der Todesschatten und glaubte, Gott hätte mich allein gelassen. Ich hatte in den beiden vorangegangenen Nächten so gut wie gar nicht geschlafen, durfte aber auch kein Schlafmittel nehmen. Ich betrachtete die mitgebrachten Kassetten, die Bibel und die anderen Dinge. Ich hatte wirklich geglaubt, mir selber und den Krankenschwestern, die jeweils für fünf Minuten hereinhuschten, dienen zu können. Jetzt verdrehte ich nur die Augen und dachte, was für ein dummer Gedanke das doch gewesen war.

Es gelang mir, den Fernseher einzuschalten, doch alles, was ich sah, waren Sendungen mit ganz normalen Leuten, die keinen Krebs hatten. Es war die längste Nacht meines Lebens! Ich spürte überhaupt nichts von der tröstenden Gegenwart Jesu. »Ich bin ihm egal«, dachte ich. Wie muß meinem Herrn das Herz weh getan haben angesichts meiner Zweifel.

Um 3 Uhr morgens ging es mir noch nicht besser, eher schlechter. Ich flehte die Krankenschwester an, mir eine Schlaftablette zu bringen: »Bitte! Ich habe seit drei Tagen nicht mehr geschlafen. Bitte, helfen Sie mir!« Kaum hatte die Schwester das Zimmer verlassen, da klingelte das Telefon. Es waren Kelly und

Gary, die mich schon oft durch ihre Worte ermutigt und getröstet hatten. »Bonnie, Gott hat uns aufgeweckt und gesagt, wir sollten dich anrufen und dir sagen, daß er dich liebhat. Auch wenn du im Augenblick nicht beten kannst, sprich einfach seinen Namen aus. Er versteht dich. Laß dich von ihm liebhaben.«

Es tat so gut, von Gary und seiner Frau Kelly zu hören, und als ich den Hörer wieder aufgelegt hatte, tat ich, was sie gesagt hatten. »Jesus«, seufzte ich leise. Nicht mehr - nur das eine Wort »Jesus«. Er war also doch nicht fort. Er war bei mir, und ich konnte seine Arme um mich spüren. Plötzlich kam ich mir vor wie eine Königin, und zum allerersten Mal in diesen schweren Tagen war Jesus mein ein und alles. Er war meine Krankenschwester und mein Betreuer. Er zeigte mir eine Seite von sich, die ich noch nie gesehen hatte. Es war ein richtiges Wunder! Jesus hielt mich in seinen Armen, und ich schlief wie ein Baby. In jener Nacht wurden mir die Augen für das Hirtenherz Gottes geöffnet. Ich konnte die Feuerprobe bestehen, weil Gott mir beistand.

Als nächstes war die Chemotherapie an der Reihe - sechs Monate lang -, und wieder kam Mama in Abständen nach El Paso, um bei mir zu sein. Wir redeten viel miteinander, wenn wir zusammen waren, und unterhielten uns darüber, wie Gott im Leben verschiedener Menschen, besonders von Frauen, wirkt. Ich habe etliche Biografien von Missionarinnen gelesen, starken Frauen Gottes, die für viele Menschen ein Segen waren und als Glaubensheldinnen betrachtet werden. Ich habe Berichte von Frauen über ihren aufopferungsvollen Dienst auf dem Missionsfeld gehört. Vom Leben im Urwald und von hungernden Menschen war da die Rede. Diese Frauen verdienen gewiß Bewunderung und Respekt, aber mir ist aufgefallen, daß dies im Hinblick auf Menschen, die körperlich gelitten haben, nur sehr selten der Fall ist. Vielen ist gar nicht bewußt, daß die Berufung zu einem Leben körperlichen Leidens genauso fruchtbar sein kann wie die zum Dienst in Afrika oder anderswo. Statt dessen wird ihnen oft noch eingeredet, sie würden Sünde in ihrem Leben dulden oder hätten nicht genug Glauben. Nachdem ich selbst den Weg körperlicher Leiden gegangen bin und Gottes mächtige, heilende Berührung erlebt habe, hat er mir etwas gezeigt, was mir vorher gar nicht bewußt war: Scharen von Menschen sind mit Gottes Reich in Berührung gekommen, weil ich gelitten habe, weil meine Mutter und meine Schwester Debbie gelitten haben. Es war zwar nicht der Weg, den ich mir freiwillig ausgesucht hätte, aber Jesus hat ihn für mich gewählt. Und durch unsere Schmerzen haben wir einen Einblick in die Welt bekommen, in der Gott am meisten unterwegs ist - die Welt des Leides.

Nachdem meine Behandlungen abgeschlossen waren, amüsierten Mama und ich uns köstlich beim Lesen angeblich wohlmeinender Ratschläge, die ich von sogenannten Freunden erhalten hatte. Mama hat einen ausgeprägten Sinn für Humor, den ich glücklicherweise geerbt habe.

»Mama, hör zu! Diese Person schreibt, ich soll es doch mal mit einer Kaffeeklistierspritze versuchen. Wie findest du das? Ich glaube, eine Pfefferspritze wäre mir da schon lieber!«

»Mama, hast du das gelesen? Sie sind krank, weil Sünde in Ihrem Leben ist.« Wie hätte so etwas mich ermutigen oder trösten sollen?

Eines Tages rief mich eine dieser »wohlmeinenden« Personen an und sagte ungemein höflich: »Machen Sie sich keine Sorgen, Bonnie. Wenn Sie sterben, wird Gott eine gute Frau für Ihren Mann und eine gute Mutter für Ihre Jungen bereithalten.« Ich rief sofort meine Mutter in New York an, denn diesmal war mir nicht nach Lachen zumute! »Mama, kannst du dir vorstellen, was diese Frau gesagt hat?« Mama hörte zu und sagte dann in ihrer praktisch-realistischen Art: »Schatz, tu so, als hättest du es nicht gehört!« Das war alles, was ich hören mußte, und ich dachte nicht weiter darüber nach.

Zehn Jahre sind vergangen, seit mir die Diagnose »Krebs« gestellt wurde, und Gott hat mich vollständig geheilt. Ich kann wirklich sagen, daß mich diese schwere Prüfung innerlich bereichert hat. Ich wußte ja gar nicht, daß das Tal der Todesschatten solche Schätze für mich bereithielt - Schätze, mehr über Gottes zartes, mitfühlendes Wesen zu lernen und mitten im Leiden einen Schatz an meiner Seite zu haben: MEINE MAMA!

In seiner Kraft bleiben

KAPITEL 20

Als David und ich in El Paso ankamen, fuhren wir schnurstracks ins Krankenhaus. Roger und ein paar enge Freunde von Bonnie waren ebenfalls da. Wir hatten Roger gebeten zu veranlassen, daß der Arzt mit seiner endgültigen Diagnose für Bonnie warten möge, bis wir kämen, aber er war bereits bei ihr gewesen.

»Papa, ich muß sterben, stimmt's?« Bonnie war immer Papas kleines Mädchen gewesen, und als er jetzt das Krankenzimmer betrat, wandte sie sich gleich hilfesuchend an ihn.

»Es gibt keinen Grund, so zu denken, Schatz; unser Gott hat alles in seiner Hand. Der Teufel will dir zwar einreden, daß es keine Hoffnung gibt, aber in Jesus gibt es Hoffnung! Du wirst nicht sterben; das wird Gott nicht zulassen.«

Wir wissen natürlich, daß Gott manchmal Menschen sterben läßt, aber in diesem Moment hatte David den starken Glauben, daß es noch nicht Bonnies Zeit sei. Ich hatte mich etwas mehr im Hintergrund gehalten, während Bonnie mit ihrem Papa sprach, doch dann entdeckte sie mich.

»Mama!« Ich ging zu ihr und nahm sie in die Arme. »Es wird alles gut, Liebling«, versicherte ich ihr. »Gott ist bei dir.« Dann weinten wir zusammen. Es war wunderbar, zu erleben, wie Gott uns alle in diesem Moment mit seiner Kraft einhüllte.

Roger, Bonnies Mann, ist ein außergewöhnlich starker Charakter, auf den sie immer zählen konnte. Er behandelte sie mit großer Zartheit und wurde zu einem Felsen, auf den sie sich stützen konnte. Und ihre beiden Jungen waren in dieser ganzen schweren Zeit ihr Rettungsanker. »Ich kann meine Jungs doch nicht allein lassen«, sagte sie ein ums andere Mal.

Bonnie hat bereits erwähnt, wie furchtbar das Kobaltimplantat für sie war, aber ich will auf meine Reaktion zu sprechen kommen. Ich kannte mich mit der Kobaltbehandlung überhaupt nicht aus, hatte tatsächlich noch nie etwas davon gehört. Ich stand draußen auf dem Korridor, als ich eine riesige Maschine auf mich zurollen sah. Ich fühlte mit der Patientin mit, die mit diesem gräßlichen Gerät behandelt werden mußte, und fing an, für sie und für ihre Eltern zu beten. Ich habe großes Mitgefühl für die Mütter und Väter, die darauf warten und sich danach sehnen, daß es ihren kranken Kindern wieder besser geht. Während ich still für mich betete, sah ich, wie das »Monstrum« in Bonnies Zimmer gefahren wurde. Das war es also! Ich fing an, mit den Fäusten gegen die Wand zu hämmern, und schrie: »Jesus! Jesus! Hilf uns, Herr! *Das übersteht sie nicht!* Bitte, Herr!« Ich war in diesem Moment richtig sauer auf Gott – trotzdem schrie ich zu ihm um Hilfe.

Mir ist es wichtig, Ihnen, meinen Lesern, klarzumachen, daß wir alle Menschen sind und auch menschlich reagieren. Ich kann mich gut mit Eltern identifizieren, die mit ansehen müssen, wie ihre Kinder durch tiefe Not gehen. Doch sobald wir unsere Stimme zu Gott erheben und zu ihm rufen, *sichert er uns seine Gegenwart und Kraft zu*. Als ich dort auf dem Krankenhausflur zu Gott um Hilfe schrie, stützte er mich, so daß ich weiterleben konnte.

Während Bonnies Kobaltbehandlung mußten Roger und ich jedesmal, wenn wir zu ihr ins Zimmer gingen, einen sterilen weißen Kittel überziehen. Nach Abschluß der Behandlung sagte Dr. Gupta zu mir: »Ihre Tochter ist so ganz anders.« Ich schloß daraus, daß viele Frauen, die in einer solchen Lage sind, schreien und beinahe durchdrehen. Obwohl Bonnie den Kobaltblock mehr als alles auf der Welt weghaben wollte, muß ihr Verhalten während dieser entsetzlichen drei Tage einen großen Eindruck auf die Menschen um sie herum gemacht haben. Sie war ein Zeugnis für Jesus, auch ohne es zu wissen.

Nach diesen letzten schrecklichen Tagen kam Bonnie heim und erholte sich zusehends. Seit zehn Jahren ist sie nun regelmäßig zur Nachuntersuchung gegangen, ohne daß erneut Krebs bei ihr festgestellt wurde. Sie ist vollkommen gesund, und ihr fröhliches, übersprudelndes Wesen strahlt Wärme gegenüber allen aus, die mit ihr zu tun haben.

In jenem Jahr mußte unsere Familie noch einen traurigen Verlust erleben. Als David und ich nach New York zogen, waren meine und Davids Mutter in Texas geblieben, aber wir besuchten sie, sooft wir konnten. Manchmal fragte ich meine Mutter, ob sie irgendwelche Schmerzen hätte, worauf sie meistens erwiderte: »Ja, der Rücken tut mir weh.« Wir tippten auf altersbedingten Verschleiß und ließen es dabei bewenden. Sie liebte es, unabhängig zu sein, für ihre Enkelkinder und Freunde Plätzchen zu backen oder leckere italienische Gerichte zuzubereiten, und sie hatte immer etwas zu tun.

Bei einem Familientreffen war es dann aber offensichtlich, daß sie mehr als nur Rückenschmerzen hatte. Ich rief sofort Dr. Rice an, und er überwies sie ins Krankenhaus nach Mesquite/Texas. Die Untersuchungen und Röntgenaufnahmen erbrachten eine schlimme Diagnose: Darmkrebs. Dr. Rice und zwei andere Ärzte teilten uns diese Nachricht mit und fragten dann: »Sollen wir sie operieren?« Mama war 95 Jahre alt, und meine spontane Reaktion lautete: »Nein.«

Mama hatte David immer besonders lieb gehabt, und er saß auch jetzt an ihrem Bett. »Du möchtest doch bestimmt nicht, daß man dich operiert, Mama, oder?« fragte er sie.

»Nein, David, das möchte ich nicht. Aber wie du meinst - oder was Gott dir sagt«, entgegnete sie. Damit war die Sache erledigt.

Ich hatte gegen starke Schuldgefühle anzukämpfen, weil ich meine Mutter nicht früher zum Arzt geschickt hatte. Das tat mir jetzt schrecklich leid, und ich konnte es nur im Gebet an den Herrn abgeben. Mama wußte, wie lieb ich sie hatte. Ich war immer noch ihr kleines Mädchen, und wir hatten eine ganz besondere, innige Verbindung zueinander. Mit David an meiner Seite fiel es mir leichter, Entscheidungen bezüglich ihrer Pflege zu treffen und mit den Ärzten darüber zu sprechen. Wir beschlossen, sie direkt vom Krankenhaus aus mit zu uns nach Hause zu nehmen. Damals hatten wir noch den großen Bus, so packten wir ihre Sachen zusammen, besorgten uns Schmerztabletten für sie und betteten sie so bequem wie möglich auf die Rücksitzbank des Busses. Wir fuhren ohne Unterbrechung durch und arrangierten zu Hause alles einschließlich Pflegebett und Rund-um-die-Uhr-Betreuung. Ungefähr sechs Wochen später war die ganze Familie um ihr Bett versammelt. Wir sangen Chorusse und warteten einfach ab, denn wir wußten, daß sie bald Abschied von uns nehmen würde. Noch einmal versuchte sie, die Augen aufzuschlagen, aber dann ging sie einfach still und leise heim ... in die himmlische Herrlichkeit!

Die Times Square Church wuchs und gedieh weiter, während Gottes Wort kompromißlos den Zuhörern gepredigt wurde. Arbeiten an und für Obdachlose und Hungernde, alleinerziehende Mütter und ihre Kinder, Witwen und Suchtabhängige wurden begonnen. Gott schickte uns gute, hingegebene Mitarbeiter, um die verschiedenen Aspekte der Arbeit zu realisieren. Wir errangen Siege auf dem Territorium Satans und begegneten dabei sehr vielen Hindernissen, die wir aber im Namen Jesu und durch die Kraft des Heiligen Geistes überwinden konnten.

Bei jedem Einsatz für das Reich Gottes versucht der Teufel natürlich, Unruhe zu stiften. Die Bibel sagt warnend, daß der Feind kommt, um zu stehlen, zu schlachten und umzubringen. Das ist auf dem Missionsfeld so, in der lokalen Gemeinde und auch in anderen christlichen Werken; die Times Square Church bildete da keine Ausnahme. Als sich eine besonders schmerzliche Begebenheit zutrug, war David zutiefst erschüttert. Während er dem Vater im Himmel sein Herz ausschüttete und ihn um Führung anflehte, hatte ich zum erstenmal in unserer Ehe den Eindruck, ihn wirklich trösten zu können. Er war immer solch ein wunderbarer Ehemann gewesen; nun endlich war für mich der Zeitpunkt gekommen, ihn echt zu unterstützen und ihm Mut zu machen. Ich bin so dankbar, daß der Herr, als das passierte, bereits so viel an mir getan hatte, daß ich imstande war, fest an Davids Seite zu stehen und diese Situation mit ihm zusammen zu meistern. Und wieder war Gott unser unveränderlicher Anker; er brachte uns durch bis zum vollen Sieg.

Heute predigt David vor Tausenden von Zuhörern und schreibt sämtliche Rundbriefe für das Werk. Außerdem ist er in der Leitung der Times Square Church und von World Challenge aktiv. Meine Rolle spielt sich mehr im Hintergrund hinter den Kulissen ab, und so ist es mir auch am liebsten. Mit Vorliebe lese ich die Briefe, die zu Tausenden in unserem Büro eintreffen. Ich lese sie nicht aus Neugier, sondern weil ich etwas vom Geist des Schreibers in den Zeilen verspüre. Der Herr redet zu meinem Herzen, und oft muß ich weinen, während ich für die lieben Menschen, die sich die Mühe machen zu schreiben, bete. Ich sende ihnen nach Möglichkeit ein paar persönliche Zeilen, manchmal rufe ich auch an und bete am Telefon mit Menschen.

Was mein Herz besonders berührt, sind Briefe von älteren Leuten. Viele von ihnen sind einsam, aber die meisten sind traurig und flehen Gott um Gnade an für ihre Kinder und Enkelkinder. Sie beten so treu für ihre Angehörigen, und ich freue mich, wenn ich sie im Gebet unterstützen kann. Welch ein Vorrecht ist es, wenn sie dann im nächsten Brief schreiben: »Es tut so gut zu wissen, daß Sie mit mir beten. Danke!« Obwohl David und ich nicht mehr das junge Ehepaar sind, das wir bei unserem ersten Kommen nach New York waren, scheinen viele ältere Leute uns quasi als ihre Kinder zu betrachten.

Viele Menschen fürchten sich vor Krebs und meinen, damit würden sie nicht fertig werden, aber ich kann ihnen bezeugen, daß Gott bei jedem Schritt des Weges da ist und mitgeht. Mir ist bewußt, daß manche liebe Gotteskinder ihre Krebserkrankung nicht überleben, aber ich kann aus eigener Erfahrung sagen, daß Gott viele zu wunderbarer, vollkommener Gesundheit wiederherstellt – zu seiner Ehre! Satan ist ein Lügner, und er will uns besiegen, noch bevor wir mit dem Kampf begonnen haben.

Eine Frage, die mich gelegentlich schockiert, wenn ich sie lese, lautet: »Liegt vielleicht ein Fluch auf der Familie Wilkerson? Was meinen Sie, warum hat Ihre Familie so viel Krankheit durchmachen müssen?« Bis ich es schwarz auf weiß vor Augen habe, würde mir so etwas nicht einmal in den Sinn kommen. Unsere Familie ist nicht verflucht, sie ist im Gegenteil über die Maßen gesegnet. Durch Gottes Gnade dürfen wir beständig seinen Frieden erleben. Egal, was wir im Augenblick durchmachen, dieser göttliche

Frieden erfüllt uns, während wir Tag für Tag in Jesus bleiben. Ich habe festgestellt, daß sein Frieden nicht etwas ist, was aus unserer Seele kommt und unseren Geist ruhig macht, sondern er entspringt aus Gottes Geist und schenkt der Seele Ruhe. In dem Lied »Das Blut hat nie seine Kraft verloren« von Andraé Crouch heißt es: »*... es reicht hinauf bis auf den höchsten Berg und fließt hinunter bis ins tiefste Tal.*« Wir haben festgestellt, daß das wahr ist, darum sage ich es noch einmal: »Wir sind gesegnet!«

Eine weitere Frage, die man mir öfter stellt, ist diese: »Warum sitzt du im Gottesdienst nicht auf dem Podium, Gwen?« Darauf gibt es eine einfache Antwort: Mein Platz ist unten bei den Zuhörern. Ich sitze ziemlich weit hinten, immer auf demselben Platz, und die Ordner wissen, wo sie mich finden können. Weil oft Leute zu mir kommen oder zu mir gebracht werden, wäre es störend, wenn ich weiter vorne sitzen würde. Kürzlich kam eine Frau zu mir und sagte, daß sie Brustkrebs hätte. Sie gab mir einen Zettel, auf dem stand: »Ich vertraue auf deine Gebete, Gwen. Bitte, bete für mich.« Nach dem Gottesdienst traf ich sie und betete mit ihr. Ich bin immer wieder erstaunt darüber, daß Menschen sich zu mir hingezogen fühlen und meinen, ich wäre so stark und hätte eine Antwort für sie. Ich bin wirklich dankbar für ihr Vertrauen und achte es hoch - aber ich weiß genau, woher meine Kraft und Weisheit kommt. Gott sei Dank, kann ich sie auf dieselbe Quelle hinweisen: Jesus Christus und das Wort Gottes.

Viele Menschen sind einsam oder haben irgendeine Not. Viele wollen aber auch einfach einen lieben Händedruck, eine Umarmung, ein Lächeln oder ein Gebet. Manch einer hat schon zu mir gesagt: »Daß du mich letzte Woche in den Arm genommen hast, Gwen, hat mir so gut getan.« Es freut mich immer zu hören, daß meine Umarmungen Menschen etwas bedeuten, denn ich bin von Natur aus jemand, der gerne andere umarmt. Ich habe Achtung vor den Leuten, die zu mir kommen, denn viele von ihnen gehen durch eine unglaublich tiefe Not in ihrem Leben.

Ich möchte betonen, wie wichtig Gottes Wort für mein Leben ist. Meine Bibel war immer direkt in meiner Nähe, sei es im Krankenhaus, zu Hause oder auf Reisen. Wieder und wieder bin ich gefragt worden: »Wie machen Sie das bloß, Gwen? Wie können

Sie soviel durchmachen und trotzdem stark und fest im Glauben bleiben?« Nun, das ist eine lange Entwicklung gewesen, denn ich bin nur eine ganz gewöhnliche Frau, die Gott gebeten und von Gott empfangen hat. So einfach ist das. Ich mag es, wenn meine Kinder zu mir sagen: »Mama, du bist eine Frau, die stark im Gebet und im Wort ist«, denn dann kann ich mich umdrehen und entgegen: »Und *du* kannst genauso stark sein!« Das ist die Botschaft, die ich an jeden weitergeben möchte, mit dem ich in Berührung komme: Jesus liebt dich, und ihm kannst du vorbehaltlos vertrauen. Glaube seinem Wort und nimm es als *gute Nachricht für dich persönlich!*

Die neueste Möglichkeit des Dienstes, die der Herr mir eröffnet hat, ist das Reisen. Ich habe David auf einer Europareise begleitet, wo er auf Pastorenkonferenzen predigen mußte, und dabei festgestellt, daß mir der Dienst im Ausland mehr Freude bereitet, als ich es je für möglich gehalten hätte. Die Herzen der Menschen waren so hungrig nach Gottes Wort und die Versammlungen einfach wunderbar. Diesmal gestattete der Herr mir nicht, im Hintergrund zu bleiben, so bat ich ihn um Weisheit, zu den Frauen zu sprechen, wenn man mich darum bitten würde. In Helsinki/Finnland sprach ich zu einer Frauengruppe und war überwältigt von ihrer Freundlichkeit und ihrem edelmütigen Geist. Als ich den Raum betrat, erhoben sich alle spontan von ihren Plätzen und blieben so lange stehen, bis ich mich gesetzt hatte. Für mich war das eine ganz neue Erfahrung, für die Frauen ein Ausdruck der Ehrerbietung – eine ganz besondere, rührende Geste.

Eine neue Zeit ist in meinem Leben angebrochen, und ich freue mich auf weitere Auslandsreisen. Zwölf Jahre lang war David mit seinem Pastorendienst in der Times Square Church vollauf beschäftigt, aber der Herr hat ihm eine Reihe gesalbter Männer und Frauen zur Seite gestellt, die die Last mittragen, so daß er frei ist, öfter zu verreisen. Erst kürzlich habe ich ihn gefragt: »Wann fliegen wir wieder nach Europa?« Eine ganz große Herzensfreude war es, mitzuerleben, wie Gott meinen Mann im Dienst an anderen gesegnet hat. Als Pastor in New York predigt er Gottes Wort mit Liebe und großem innerem Engagement seiner eigenen Gemeinde, und die Salbung des Heiligen Geistes ist spürbar gegenwärtig. Drüben in Europa jedoch wurde diese Dimension noch vergrößert, als er sich voller Erbarmen anderen Pastoren und ihren Frauen zuwandte. So viele von ihnen waren von der Gemeindearbeit entmutigt, und manche standen kurz davor, in ihrer Ehe Schiffbruch zu erleiden. David lehrte sie unter einer starken Salbung des Heiligen Geistes, und man konnte sehen, wie sie das Wort förmlich in sich aufsaugten und dadurch gestärkt wurden. Als sie anfingen, ihre Lasten bei Jesus abzulegen, fanden Wunder statt. Ja, Gottes Wort hat immer noch dieselbe Kraft!

So viele Jahre und Jahrzehnte gehe ich nun schon mit dem Herrn und habe dabei unendlich viel gelernt. Eine Sache ist die, daß überall auf der Welt die Frauen mit mehr oder weniger den gleichen Herausforderungen und Prüfungen konfrontiert sind. Auch wenn ich gewiß kein Experte bin, bin ich doch mehr denn je davon überzeugt, daß Gott sich um jeden einzelnen von uns *persönlich* kümmert. Er ist immer da, egal, ob wir es spüren oder nicht. Er ist voller Liebe und sehnt sich danach, Hand in Hand mit uns durch *jede* Situation unseres Lebens zu gehen, sei sie gut oder schlecht, schwierig oder einfach. Er ist ein guter, treusorgender Vater, der sich *niemals verändert!*

Viele Leute erkundigen sich nach unseren Kindern und deren Familien. Unsere zwei Söhne und zwei Töchter sind im Schatten eines bekannten Vaters aufgewachsen, und obwohl sie ihn sehr lieb hatten und seinen Dienst respektierten, wollten sie doch alle ihren eigenen Platz auf Gottes Erntefeld finden und ihre Individualität bewahren. Ich habe unsere beiden Söhne zu treuen Männern Gottes heranwachsen sehen, die christliche Familien gegründet haben und in ihrer eigenen Berufung dienen. Ich habe miterlebt, wie unsere beiden Töchter einen mutigen Kampf gegen den Krebs geführt und diesen Kampf gewonnen haben – durch ärztliche Kunst und durch die Kraft Jesu Christi in ihrem Leben. Alle vier Kinder haben gläubige Ehepartner, und wir sind glücklich und stolz und sehr, sehr dankbar für jedes von ihnen.

Ich habe keine Ahnung, welche Türen der Herr als nächstes für David und mich öffnen wird. David predigt immer noch regelmäßig in der Times Square Church und gehört dort zur Leitung. Wir haben immer noch unsere Wohnung in New York in der Nähe der Gemeinde, aber wir haben auch ein Häuschen außerhalb der Stadt, in das wir uns bei Bedarf zurückziehen können. David macht dann immer lange Spaziergänge in den angrenzenden Feldern und Wäldern, und mir bereitet es viel Freude, im Garten zu graben und Blumen zu pflanzen. Es ist ein ruhiges Plätzchen, wo wir uns entspannen und neue Kräfte sammeln können. Wie David in Psalm 23 schreibt, *wird unsere Seele erquickt, wenn Gott uns zu stillen Wassern führt.*

Wir sind rundherum glücklich und zufrieden. Immer, wenn ich einen auch noch so kleinen Gehorsamsschritt tue, belohnt Gott mich auf wunderbare Weise. Weil David und ich uns im Herzen einig sind, genießen wir es beide, mit Kindern und Enkeln zusammen zu sein. Wir lieben beide die Gemeinschaft mit treuen Freunden, spannende Reisen, einen fruchtbaren Dienst für den Herrn und vor allem die Nähe zu Jesus, unserem Erlöser, die allem anderen erst Sinn gibt. Wenn ich auf andere zugehe, schenkt Gott mir neue Gebetspartner, und eine unbeschreibliche Freude erfüllt mein Herz. Er verlangt so wenig von mir – und gibt mir so viel.

Ich bin wirklich gesegnet! Ich werde geliebt! Und durch Gottes Gnade lebe ich immer einen Tag nach dem anderen – *in seiner Kraft.*

Und hier einige weitere Bücher für Sie!